「一生一緒にいたい」女の部屋
「3日で飽きられる」女の部屋

悩みがみるみる消える
魔法の片づけ&掃除術

空間心理カウンセラー
伊藤勇司

WAVE出版

ある日
ハァー疲れたー
ただいまーっと
ガチャッ
バサ
バサッ
今日も合コン行ってみたけどいい人いなかったなあ……
こうみえて26歳です
あだ名は部長!
昔はけっこうやんちゃで〜
アハハッ
チャラくないからオレ〜♪
こう見えて40歳
けっこうエライから
……
出会いのチャンスをもっと増やさないと……
30歳までに結婚したいのに
現在28歳……
婚活アプリも成果出ないし
ごちゃ〜
ごちゃ〜
ガーン!!
いとこのユミ結婚!! そんなに結婚早そうなタイプじゃなかったのに!!
のんびり屋さん
アイドルが好き
い…意外にイケメンな旦那さん!!
↑失礼…
結婚しました
いいね 501件
結婚おめでとう♡
新婚旅行たのしそう♡
いいな〜って考えててもしょうがない! わたしもがんばろう!
よーし!!
こうしちゃいられない!!
そうだ!! 自分磨きしよう!! やっぱり男の胃袋つかむといいっていうし! 料理教室行っとこー!!

料理教室当日
では、グループごとに作っていきましょう
同じグループですね よろしくお願いします
よろしくお願いします
こちらこそー
肉じゃがなんてめっちゃ王道でしょ！ これができたら料理上手って感じよね
そして完成
いい感じ〜!! インスタに載せちゃお〜♪
いい女アピールエヘっ
スゴイ!! おいしい!!
お芋ほくほく〜
本当ですね
もぐもぐ
今まで作った中で一番おいしい〜
なんでだろう？ いままでテキトーだったのかな〜
ちゃんと習うと違いますねー
うんうん
わかるー
同じグループの人楽しい人たちでよかった
悶々と悩むより、料理教室に来てよかったー
パシャパシャ
お上手！
少し前進……
よかったら、この後皆さんでお茶でも行きませんか？
いいですね
肉じゃが会？

わー
おいしそー
28歳
まゆみ
実は、婚活がうまくいかなくて、料理で女子力アピールできるかなーと思って参加したんです
でも料理教室楽しかったし、皆さんとお話しできて楽しかったし、今日はいい日でした〜
34歳
ちなつ
わたしも3年も付き合っているのに、彼全然プロポーズしてくれなくて……料理の腕が上がったら彼も考えるかなーなんて
やっぱ男は胃袋つかんどけっていいますもんね！
ですよねー！
がんばりましょう！
38歳
あい
わたしも……彼のためにおいしく料理できたらいいなーと思って参加しました。
でも、彼最近浮気してるみたいで……
ええっ
43歳
あやこ
結婚もゴールじゃないからね……
実はわたし、今別居中……
アラ……一気にどんより
……
そうだ!! 今度皆さんで縁結びのパワースポットに行きましょ!!
ひょっこり…
さっそく私探します!!
いいですねっ

どうも!! お話が聞こえてきたんですが
パワースポットに行かずともお悩み解決する方法ありますよ!
誰? 急に
ぼくは空間心理カウンセラーの伊藤勇司です!
??
空間心理カウンセラー?
皆さんに今必要なもの、それは、部屋の片づけです!!
ジャーン
片づけ?
どこからモップが?
でも片づけしたら彼氏ができるとか、そういうのってあまり関係ないですよね……
なんかそういう風水の本とかなら持ってます
ただ片づけするのではありません! あなたのお部屋を心地よいものにしていくことで幸せを引き寄せるんですよ

たしかにわたしの部屋、
今すっごい
ごちゃごちゃしてるな……
部屋にはその人の
心理状態が
表れています
例えば、昔ぼくが
引越しの仕事を
していた時ですが、
離婚寸前の方の部屋は
どの部屋も
そっくりでした……
似ている
ひぃぃぃっ
怖いーー!!
大丈夫です!
部屋を片づけて
いけば
自分の心の状態と
うまく向き合う
ことができるように
なって、心のクセを
見つめ直すことが
できます
キッチンが
汚いけど、
放置……
クローゼット
ぱんぱん……
たしかに
リビング
ごちゃごちゃ

先生
アドバイスお願いします!!
やるっきゃない!!
バッ
実際のお部屋を見てアドバイスしたいので、いつでも呼んで下さい!
名刺
名刺
いつでもおまかせを!
速・攻・でうかがいます!
伊藤勇司
空間……
なんか……すごい先生だったね……
では! またお会いしましょう!!
ビューン
えっ!
去るのも速っ!!
こうして私たちは片づけの神伊藤先生と出会ったのでした
いままで無意識に逃げていた、片づけと向き合う第一歩始まります

はじめに

「あなたは自分の魅力を、具体的に説明できますか？」

今、あなたは、このページを開いた瞬間に、「幸せになる魔法」を手にしました。

あなたは、これからの人生で何も悩む必要がなくなりました。今抱えているすべての問題は、順に解決されていきます。同時に、あなたの願いはあっさりと、すべて叶うようになっていきます。

たとえば、最愛のパートナーと一緒に、やりたいことをやり、行きたい場所へ行き、好きなものを食べ、部屋をお気に入りのインテリアでコーディネートし、自分を自由に表現しながら、喜びと充実感に満ちた毎日を送っています。

あなたからは、幸せオーラがあふれ出ています。周りの人たちも、あなたの姿を見ていると自然に笑みがこぼれ、「一緒にいるだけで生きる活力が湧いてくる」と、嬉々として伝えてくれています。

「心の底から、あふれ出る幸せを誰かと分かち合っている」

「幸せになる魔法」によって、あなたがしていることはシンプルです。それだけで、自分も周りもハッピーになり、喜びがとめどなく広がり続けていくのです。

冒頭で、「自分の魅力を、具体的に説明できますか？」と質問しました。実はこの質問への答えが、部屋づくりにおいて重要な意味をもたらします。

ぼくは空間心理カウンセラーとして、さまざまな部屋と、そこに住む人の心理を観察し続けてきました。部屋が片づかない方からキレイな方まで、この10年で1万人以上の人々の心理を、あらゆる角度から現場で考察してきました。

その経験を通して、片づけることを目的にするのではなく、「その人の個性と魅力を輝かせるために片づけを活かす」ことを大切にするようになりました。

本書でも、あなたの個性と魅力を輝かせることを一番の目的としてメッセージをお伝えしていきます。

昨今は、断捨離やシンプルライフ、ミニマリストという言葉が流行り、片づけをすることや、シンプルに暮らすことが、いかにすばらしいかという思想が蔓延していま す。だからこそ、幸せな人生を送るためには、部屋をキレイにすることが不可欠だと、誰もが思い込んでいます。

しかし、ぼくは「部屋はキレイだけど幸せを感じない」と嘆く人をたくさん見てきました。それだけでなく、キレイ好きな人ほど、なかなか結婚ができなかったり、本人以外の家族がうつ状態だったり、一家離散していたりと、人間関係において何らかの問題を抱えているケースが、ここ2、3年で増えているのです。これは、まだあまり知られていない事実かもしれません。

先ほど、片づけをするのではなく、「片づけを活かす」と表現しましたが、この発想が、人生を加速度的に好転させ、もちろん人間関係も変化していきます。

片づけとは、自分の願望をすぐに叶えられる行為です。そして、片づけを活かすことで、あなたの個性と魅力を最大限に輝かせることができるのです。

「あなたは自分の魅力を、具体的に説明できますか？」

本書を読み進めながら、この質問を、ぜひ何度もご自身に問い続けてみてください。あなたの身も心も、部屋も人生も、色鮮やかに魅力的な進化を遂げることをお約束します。

片づけ心理研究家・空間心理カウンセラー

伊藤勇司

CONTENTS

第2章

彼がなかなか結婚してくれない

ちなつさんの部屋

第3章

理想の男性に出会えない まゆみさんの部屋

第4章

相手に振り回され浮気されてしまう あいさんの部屋

第5章

夫から離婚したいと言われている あやこさんの部屋

デザイン●加藤愛子（オフィスキントン）
漫画・イラスト●すぎうらゆう
DTP●NOAH
編集協力●新井桜奈
校正●あかえんぴつ
編集●佐藤友香（WAVE出版）

この本の登場人物をご紹介
THE CHARACTERS

まゆみさん（28歳）

事務職で働く会社員。婚活や自分磨きに奔走するも理想の彼には出会えない。外出が多くなるあまり、部屋は荒れる悪循環で本来の自分の魅力も見失っている

ちなつさん（34歳）

公務員として働く。付き合って3年の恋人と早く結婚したいが個人経営の彼の店が軌道に乗らず、先が見えない日々。彼に本音を言えず部屋の収納もパンパンで散らかりがち

伊藤勇司先生

部屋から深層心理を読み解く空間心理カウンセラー。片づけをきっかけに生き方を整えるサポートをしながら日本全国を飛びまわる。片づけの枠を超えて恋愛・家庭も人生も好転すると評判

あやこさん（43歳）

キレイ好きで家事もそつなくこなす専業主婦。傍から見ると主婦の鑑のように映るも、夫が突然家を飛び出して別居中。自分は正しく旦那は悪いと相手を責める口調で威圧感がある

あいさん（38歳）

母親の姿を見ていたことが影響して看護師として働く。男性に振り回され続けるも、自分が悪いと責める悲劇のヒロイン傾向。人に合わせる生き方がクローゼットの乱れに反映している

第1章

悩みがみ・る・み・る・消える魔法の片づけ術

部屋を片づけて恋の悩みも片づける！3STEP

第1章では、部屋と心のつながりを紐解いて、
恋の悩みがスッキリ片づく極意を3ステップで紹介！
それぞれのステップで、
具体的なポイントをお伝えします！

STEP1 あなたの個性と魅力を輝かせる

部屋を片づけること以上に大切なことは、散らかる結果を生み出した自分の心のパターンを知ることです。片づかない時は往々にして自分らしさを見失っているもの。25ページからは、あなたの個性と魅力を輝かせると部屋も生き方も整う秘訣を解説します。

STEP2 自己肯定感が上がる片づけの基本

片づけが苦手な人ほど「できない自分」をいつも責めがち。そうやって自己肯定感が下がると、不本意な現実を引き寄せてしまいます。36 ページからは、片づけを通して自己肯定感を上げる3つの基本をレクチャー！　ダメ恋愛癖も片づけましょう。

STEP3 恋愛上手になる片づけ「3つの心がまえ」

片づけを通して自分の心に向き合えたら、次は「自分の素直な心を表現する」ことが大切です。恋愛上手は、表現上手。自分の心を表現するからこそ相手と心でつながれます。44 ページからは、あなたが恋愛上手になるための、片づけ3つの心がまえをお届けします！

3STEPを終えたら、いざ実践！

53 ページ第2章からいよいよ恋愛片づけ実践編！「彼がなかなか結婚してくれない」「理想の男性に出会えない」「夫に離婚を告げられる」等、彼との葛藤と部屋の状態の関連性を考察し、部屋も恋の悩みも同時に片づく実践法をお届けします！

部屋の片づけを通して、恋の悩みも片づける！3つのステップ

まずは、恋の悩みを解消する、部屋と心の片づけの極意を紹介します。
3つのステップを通して、楽しみながら魅力的に模様替えしていきましょう！

ステップ1では、**あなたの個性と魅力を輝かせて**、毎日をよいエネルギーで過ごせるようになるためのヒントをお届けします。

ステップ2では、やればやるほど自分を大好きになり、**自己肯定感が上がる片づけの基本**をお伝えします。

ステップ3では、人間力を高め、**恋愛上手になる片づけの心がまえ**をお話しします。

STEP 1 あなたの個性と魅力を輝かせる

あなただけのパワースポット部屋の声を聞いてみよう！

あなたは、自分の部屋にいて、心の充実感を覚えますか？

日々を過ごす部屋の居心地が悪いと、気持ちも引きずられてエネルギーは下がる一方です。

エネルギーが低い状態で出会いを求めても、理想のパートナーとはめぐり合えません。

類は友を呼ぶといいますが、**魅力的なあなたでいるからこそ、すてきな人との出会いが生まれるのです。**

自分の部屋としっかり向き合うと、恋愛だけでなく、たくさんのご利益を、神社やパワースポット以上に、永続的に受け取ることができます。

部屋が片づかない人ほど、「わたしの部屋、汚いんです……」という表現をします。もし、あなたも心当たりがあるならば、「お部屋さん」の立場になって、少し考えてみましょう。

部屋は、本当に汚いのでしょうか。

仮にぼくがお部屋さんの立場になったら、「いや、わたしが汚いんじゃなくて、あなたが汚くしたんでしょ！　わたしは動けないし、何もできないんだから！」と、心外に思うかもしれません。

あなたの部屋は、あなたに対してどんなことを訴えかけているでしょうか？　一度、本書を読む手を休めて部屋全体を見渡しながら、**遊び心を交えて「自分の部屋の声」に、耳を傾けてみましょう**。

お部屋さんはあなたに重要なメッセージを伝えようとしているかもしれません。

ぜひ、ノートに書き出してみてください。

「お部屋さんが、あなたに訴えかけていることは？」

〔例〕

・ちょっと背伸びして、いつもがんばりすぎてるんじゃない？
・もっと、わたしと、しっかりと関わってほしいな
・あなたが笑顔でここに住んでくれることが、わたしは一番嬉しいんだよ

部屋づくりで自分の魅力を発掘する!

部屋づくりの本質は「人づくりにある」と、ぼくはいつもクライアントさんにお伝えしています。

どんなデザインの家具や電化製品を、どこにどのように置いて、どんなカラーを使いたいか。そのプロセスを通して自分の価値観がどんどん明確になります。

「自分とは何者か」に気づいていくのが部屋づくりです。

自分が何を大切にしたいかがはっきりすると、人付き合いにおいても確固たる価値判断のもとに関係性を築くことができます。

しかし、**部屋が片づかない人ほど、何を大切にしたいか曖昧で、自分に自信が持てません。他人の価値観に合わせて自分を表現する、多重人格的なコミュニケーション**

をとるような、「パーソナリティーが散らかっている」人が実に多いのです。

他人の影響を受けて自分を表現する癖がつくと、この人にはこう、あの人にはこうと、一貫性のない自分になります。

パーソナリティーを整理して、はっきりと自己表現できるように自分を研ぎ澄ませる術《すべ》が、部屋の片づけでもあるのです。

個性的で魅力がある人は「キャラが立っている」とよく表現されます。「自分は何者か」がシンプルに伝わるように部屋も自分も整理することで、より輝きを放ち魅力が際立つようになるのです。

自分のパーソナリティーをとくに客観視しやすいのが、あなたの部屋の「本棚」「冷蔵庫」「クローゼット」です。

３つのスペースを通して自分を見つめ直し、あなたの個性と魅力を最大限に輝かせるためにパーソナリティーの片づけを行っていきましょう！

本棚で、個性を際立たせる!

本は、「人の経験や知識を得るためのツール」です。ですから、本からだけの知識に頼って価値判断しようとすると、世の中にとって正しい決断はできるかもしれませんが、自分の心に正直な決断や、直感による決断は、しにくくなってしまいます。

知識をどれだけたくさん詰め込んでも、自分の魅力はいつまでも磨かれません。他人から得たものは、所詮はメッキのようなもの。あなたの個性と魅力は当然ながら、あなた以外から生まれてくることはないのです。

本棚を整理すると、頭でっかちの理性優位の自分から、心を大切にする感性優位の自分にシフトします。

早速、2つのチェックポイントを参考に、あなたの本棚を見つめていきましょう。

CHECK 1

心が震えた本をピックアップする

あなたの心に記憶されている本を探してみましょう。本棚を見渡して、**パッと直感的に見極めること**ができます。直感力を磨くトレーニングにもなるでしょう。何かしら印象に残っている本は、あなたの感性を刺激した「あなたにとっての良書」です。自分の感性で自分だけの良書を何冊か選び出していきましょう！

CHECK 2

本を誰かにプレゼントする

誰かにプレゼントしたら喜ばれそうな本を選んでみましょう。友達や職場の人など、「あの人には、この本がおすすめかも！」と、具体的に思い浮かぶ本があれば、思い切ってプレゼントしてみましょう。自分が持っているものが誰かへのギフトになることで、**あなたのなかに喜びが生まれ、自分に存在価値を感じられるようになります。**

冷蔵庫で、喜びの感情を育てる!

冷蔵庫は、その人の価値観が表れやすいスペースです。

食べ物には賞味期限がありますから、あなたの流動性や柔軟性、考え方や判断の癖などを見直すことができます。**本能的な欲求を満たすものでもありますから、「嬉しい」「楽しい」といった、喜びの感情を簡単に生み出せる宝庫**といえます。そして、あなたが喜んでいるその姿こそ、あなたが魅力的になっている瞬間です。

喜びを感じる時間を増やすほど、あなたの精神は安定して、内側からにじみ出る魅力も拡大します。それが相手に対する非言語のよい影響力になるのです。

冷蔵庫は、たいてい誰もが、毎日関わるスペースです。つまり、冷蔵庫を開けるたびに喜びが生まれる工夫をすれば、日々、確実に魅力がアップするといえます。

人生の充実度は、あなたの喜んでいる時間の総量に比例するのです。

CHECK 1

自分基準で食を選ぶ

身体は食によってつくられます。どんな食材や食品がよいかは、人によって違います。身体が痛い時に喜びの感情は味わえないように、身体と感情は密接につながっています。**食べると身体の調子がよくなったり、心の底から喜びを感じるものが、あなたにとって必要な食べ物です。**どんなものを食べると自分が喜ぶのか、日々、丁寧に感じながら食選びをしましょう。その習慣が、身体を始めとする、あらゆる分野のパフォーマンスを高めます。**自分基準で食を選ぶことは、人生を選ぶことでもあるのです。**人生によい循環を生み出すためにも、人や広告に煽られて買い物をするのではなく、自分の基準で食を選びましょう。

CHECK 2

冷蔵庫の中を一週間に1回見直す

冷蔵庫の中を定期的に整理整頓する習慣を持つと、自分の考え方や行動パターンを客観視して、効果的な方向へ修正することができます。期限切れの食材や未開封の食品が眠っているとしたら、それだけ自分に対して無頓着で、自分を活かしきれていないといえます。**冷蔵庫のなかを見直すことは、現状確認の癖を身につけることに役立ちます。**現状を把握していないと、不安感にさいなまれるようになります。つまり、現状を明確に捉えていれば、不安は自然と解消されていくのです。**現状確認は、心の安心感も生み出します。**これはあらゆる物事に通じる、シンプルかつ重要な極意です。

クローゼットで、内面を整える！

服やファッションアイテムは、自分を表現するうえで重要な意味を持ちます。

クローゼットには深層心理が表れやすく、心のなかの矛盾や葛藤を客観的に知ることができるスペースでもあります。


今のあなたのクローゼットは、どのような状態でしょうか？

人は内面と、外の世界とで、表現する自分に矛盾がないとき、パーソナリティーが一貫し、個性と魅力が輝きやすくなります。

着る服を選ぶということは、「表現したい自分を選ぶ」ということに直結します。つまり、**人にどう見られるかではなく、「人に自分をどう見せるか」を、自分で意識的に決められるのがクローゼットなのです。**

CHECK 1

クローゼットの中にある服の「色」を観察する

あなたのクローゼットに並んでいる服やアイテムは、どんな色が多いでしょうか？　個性を「人それぞれのカラー」と表現するように、**色はその人の深層心理に働きかけ、個性を際立たせます。**心理学の観点から色と人の関係を考察すると、本人が好きで選んでいると思っていても、実は**「自分の心の状態に合っている色を無意識に選んでいる」**ことのほうが多いのです。たとえば、黒い服が多い人は他者との関わりにおいて、「内面に踏み込んでほしくない」という深層心理が隠されています。

CHECK 2

自分のエネルギーが上がる服を選ぶ

クローゼットを見渡して、「自分のエネルギーが上がる服」をピックアップしましょう。もし、ないと感じるなら、「イメチェンしたい！」と、心が望んでいるのかもしれません。さらに、**「なりたい理想の自分が着ている服かどうか？」という未来の時間軸で選ぶ**と、その姿に早く近づけやすくなります。たとえば、彼氏がいない今の自分が選ぶ服と、大好きな彼氏とデートする未来に選ぶ服は、あきらかにエネルギーが違うと思いませんか？

STEP 2 自己肯定感が上がる片づけの基本

ダメ男との恋愛を繰り返してしまう人は往々にして、自己肯定感が低いものです。

自分で自分を認められないと、どんなに着飾ってハイスペックになっても、結果的に自分を否定するような人と引き合い、悪循環の関係を繰り返してしまいます。

そんな人こそ、意識的に片づけをすると、自分を自然と認められるようになります。

部屋をキレイにすることを目的にした片づけではなく、自分を認める経験を増やすために片づけを活かしていくのです。

「片づけの3つの基本」で心の充実度をアップさせ、自己肯定感を上げましょう。立ち居振る舞いだけで、あなた本来の魅力が自然と人に伝わるようになるでしょう。

「磨く」「触れる」「できた」で自己肯定感が上がる

【物を磨く】

自己肯定感は、「事実を認め続ける」ことで上がり、あなた本来の輝きが取り戻されていきます。

片づけの分野では、「物を磨く」行為がそれにあたります。靴、メイク道具、家具、電化製品など、身の回りのものを磨いてみましょう。

磨けば、必ず状態がよくなります。

人の心は美しいものを見ている時に、自然と上向きますから、自分の行動の結果を視覚的に実感できると、自己肯定感が高まるのです。

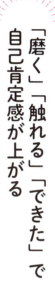

磨く習慣が身につくと、既にある物を大切にするようになり、ない物を外に求める「欠乏感の連鎖」を止めることもできます。

物を磨いているときは、「一つのことに集中している状態」になります。

実はこれがそのまま瞑想《めいそう》効果につながるのです。注意散漫な人ほど、物を磨くことで心を落ち着かせることができ、集中力が自然と高まります。

仕事をする前にも、磨く行為はおすすめです。肩の力が抜けてリラックスできるので、高いレベルでのパフォーマンスが求められるスポーツ選手は、トレーニングメニューに必ず組み込んでいるほどです。

磨く行為のメリットは、自己肯定感が上がることだけにとどまりません。

直感的なヒラメキがバンバン降りてくるような「至高体験」を味わうきっかけにもなります。

毎日、少しずつでもいいので、やり続けてほしい、人生をパワフルに変えるアクションです。

【手で触れる】

片づけのすばらしさは、部屋がキレイになることはもちろん、手の感覚が自然と鋭敏になるところにあります。

人間の脳は、目で見た視覚情報を二次元の平面構造として理解します。そこから三次元の立体構造、つまり物事を現実として認識するためには、「手で触れる」というプロセスを踏むことが不可欠なのです。

先ほど、「自己肯定感は事実を認め続けることで上がる」とお伝えしましたが、手で物に触れること自体が、事実を認識することに直結します。

叶えたい夢があっても、実現させるための一歩がなかなか踏み出せない人や、将来の人生設計に漠然と不安を感じている人は、日常生活で手で物に触れて感覚を繊細にしていけば、地に足のついた行動がとれるようになり、不安が解消していきます。

皮膚は、「脳」が成長する過程で身体の外側に分化したといわれ、いわば第二の脳。その皮膚感覚のなかでもっとも鋭敏かつ繊細なのが「手のひら」なのです。

手を動かす作業をすると認知症予防になるといわれているのも、現実的な認識能力が高まるからです。

手の感覚の鋭敏さを養うトレーニングとしては、第3章でお伝えする「キッチンの排水口掃除」がおすすめです。

片づけを通して手の感覚を開発し続けたことで、一ヶ月もしないうちに「ミラクルを体験した」と報告をくださるクライアントさんはあとを絶ちません。


ぜひ楽しみながらトライしてみてください。

【小さな「できた」を実感する】

部屋が片づかない人ほど、一気に全部をやろうとしがちです。

ところが、なかなかやる気が起こらず、何もできない日々が過ぎていくばかりで、自己嫌悪に陥るのです。

片づくタイプかどうかを判断するポイントの一つに、「口癖」があります。

片づかないタイプの人は、「できていない」という言葉をよく使います。ちょっとできたとしても「まだ、できていない」と言い、8割方できていたとしても、「まだ、ここができていない」と、いつまでもできたところを見ようとしません。

完璧主義で、「全部できていなければ、できたとは認められない」と思い込んでいます。事実としてできた部分があるにもかかわらず、自分がそれを認めていないために、いつまでも自己肯定感が低い状態が続いてしまうのです。

そこで、**発想を転換させて、「小さな『できた』を褒める習慣」**を日々のなかで持つようにしましょう。ゴミを捨てたら「捨てることができた！」と、自分の行動を褒めてあげる。最初のうちは、声に出して表現するのがおすすめです。

子どもは、何か行動したら、小さな成果でも「これができたね！」と、大人がフィードバックしてあげると自尊心が高まり、物事にチャレンジする勇気や、自分で考え判断する自立心が育ちます。

同じことを、大人のあなたが自分自身に対して、あえてしてあげるのです。

あなたの普段の一日を思い出してみてください。

仕事に疲れて帰宅したあなたは、実にたくさんのことをしているはずです。玄関の鍵をあけ、電気をつけて靴を脱ぎ、バッグを置いて、沈むようにソファに座り、「あ〜疲れた」とため息をつく。さらに、服を着替えて、晩ごはんを食べ、洗濯をし、持ち帰った仕事をして、お風呂に入る……。

無意識にしている行動を思い出すだけでも、あなたは、涙ぐましいほどたくさんのことができていることに気づき、がんばっている自分を実感するでしょう。

なんてことのないように感じる一日を、ただ自分でなぞるように思い出すだけでも、自分がいとおしくなりませんか。

自分一人になった時間は、人のことを考えるのではなく、自分だけを見て小さな「できた」を認め、数える。

それだけで、自己肯定感が育まれます。

あなたの価値を他の人に決めさせるのではなく、あなた自身が自分の価値を認め続ける。

自分を誰よりも大切に扱ってあげましょう。

小さな「できた」が増えた数だけ、あなたの魅力もアップします。

STEP 3 恋愛上手になる片づけ「3つの心がまえ」

心がまえ❶

自分の心を部屋で「表現」する

「空間に心を感じる」

カフェやホテルや旅館などで、そのような体験をしたことは誰にでもあるのではないでしょうか。

日本人の根底に「おもてなし」の精神があるからかもしれませんが、その空間にいるだけで人の心を感じられるスポットは日本各地にたくさん存在します。

ぼくは出張でホテルに泊まることも多いのですが、この仕事を始めたばかりの頃、知人のホテルマンから「スィートルームのようなハイクラスな部屋ほど、清掃が楽に終わる」という話を聞いたことがあります。つまり、チェックアウトする前に、ある程度、片づけてから部屋を出る人ばかりということです。逆に、低クラスな部屋ほど、散らかり放題で清掃が大変なことが多いそうです。

ホテルの部屋を美しい状態に戻してから出る。これも、一つの心の表れです。

そうした心配りができる人ほど、収入も必然的に上がると腑に落ちたので、そのエピソードを聞いてからは、ぼくもホテルの部屋をキレイにしてチェックアウトすることを心がけるようになりました。するとやはり、仕事においてもいい流れがどんどんやってくるようになりました。

あなたも、自分の心を部屋に表現する姿勢で片づけに取り組んでみましょう。普段の生活でも人に自然な形で心配りができる繊細な感性が養われていきます。

部屋は自分の心を映す鏡。

自分のよりよい心を部屋に表現していくと、逆に、空間から受けるイメージから、自分が大切にしたいものがわかるようになります。

心がまえ②

「ルール」を決める

部屋が片づかない人には往々にして、「マイルールがない」という共通点があります。

人生における自分なりのルールがはっきりしていないと、ライフスタイルが乱れます。

その結果、部屋が散らかりやすくなるのです。

たとえば、スポーツにはルールがあるからこそ、そのなかで才能を最大限、発揮できるのです。ルールが存在していなければスポーツが発展することはありえませんし、観戦していてもおもしろくないでしょう。

人生でも自分なりのルールがないと、才能を活かせなかったり、日々を退屈に感じたり、自暴自棄になってしまうのです。

ルールを持つということは、範囲を決めるということでもあります。すると、そのなかでできることが明確になります。

パフォーマンスを高める発想も生まれやすくなり、潜在能力がどんどん開花していきます。

これは恋愛にも通じることです。

うまくいかない恋愛を繰り返している人ほど、自分なりのルールがないまま、相手と付き合っています。

相手のルールやペースに合わせるだけで自己主張ができなかったり、我慢や妥協をたくさんしていたりと、自然と苦しむ方向へ流れてしまうのです。

そこで、練習として、片づけにおけるルールを決めて実行してみましょう。日常生活のなかでもさまざまなマイルールが生まれ、芯のある自分がつくられていきます。

自分で決めたルールを、自分でうまくプレイしてみる。そんな感覚で楽しんでいると、人生の充実度もアップしていきます。

あなたに芯ができると、それ自体が、他者にとっての魅力にもなっていくのです。

ノートとペンを用意して、直感的に思い浮かぶマイルールを書き出してみましょう。

ルールを作るうえで大切なポイントは、**「自分が楽しめるルールにする」**こと。

修行のような、ハードルが高いルールは必要ありません。自分で決めたルールですから、やってみて合わないと感じれば、また変更してもかまいません。

楽しみながらルールを決めると、片づけも少しずつおもしろがれるようになるでしょう。

片づけマイルールを作ろう！

〔例〕

・「一日５分間だけ、片づけをする」
（タイマーをセットして、これ以上はやらないという遊び心を楽しむ）

・「帰宅して靴を脱いだら、すぐに靴箱に入れる」
（一人素早さオリンピック開催）

・「お風呂に入ったついでに、浴槽を掃除する」
（ヌードストレッチで自分の身体のしなやかさを楽しむ）

心がまえ3

「完了の体験」を大切にする

片づけが苦手な人ほど完璧主義だと、先ほどお伝えしましたが、**完璧を目指すのではなく、「完了の体験を味わうこと」を大切にするようにしましょう。**

そもそも、片づけには終わりがありません。部屋の隅に埃《ほこり》が自然と溜まっていくように、一度キレイにしたとしても、片づけをするタイミングはまた必ずやってきます。

人は終わりが見えないことに対して、ストレスを感じます。締切があったり、作業量が明確だったりと、終わりが来ることがわかっていると、今、目の前のことにエネルギーを注ぎやすくなれるのです。

完璧を目指しているといつまでも終わりが来ないので、結果的にダラダラと生きてしまうことになります。**完了の体験を大切にすると、限られた時間を集中して濃密に**

過ごせるようになります。同じことを同じ時間内で行っていても、時間の密度に違いを感じられるようになるでしょう。

これは人間関係にもいえることです。大切な人といつまでも一緒にいられると漠然と思っていると、一瞬一瞬に価値があることに気づきにくくなってしまいます。

たとえば、自分か大切な人が、明日死ぬかもしれないという状況になると、誰もが限られた時間内にできることを真剣に考え始めることでしょう。いつか別れが来ることを知っているから、目の前の人との関わりを大切にすることができるのです。

完了を意識し始めると、何気ない出会いも大事にできるようになります。大切な人なら、なおさら、その時間や関係を慈しむ自分が育まれていきます。

片づけを通して完了の体験を繰り返していくうちに、時間の価値を深く味わえるようになるのです。

恋愛上手な人ほど、相手と一緒にいる時間を大切に扱っているものです。

第2章

彼がなかなか結婚してくれない

ちなつさんの部屋

ある日
RRR
彼からかな？あれ、でも仕事中だよね？
もしもし先日お会いした空間心理カウンセラーの伊藤です！
先生、ちょうど恋愛と片づけのことで相談したくて……
コンコン
今、来てまーす！
速っ!!
なんだかこの前お悩みの様子でしたので
善は急げで参りました！
わたし、物が多いのに収納スペースが少ないんですよね
収納ケース買おうかなと思いつつ、いいのが見つからなくて
フムフム
収納ケースパンパン
この辺りスッキリしない…
彼ともそろそろ結婚したいなーって思っているので家具を買うのも今じゃないかもって思ったりして〜
ご結婚されるんですか？
あっ
したいんですーー…
もう3年付き合ってるのに気配なしで……わたし的にはすぐにでもしたくて！
彼はどう思ってるんだろーー？ああでも、収納ケースもう買います〜〜〜!!
片づかないのイヤー
ちなつさん、収納スペースを増やすのは、逆に部屋が片づかなくなるんですよ！

収納がシンプルなほど、本当に必要なものに気づきやすくなり、思考も研ぎ澄まされていきます！

エーッ!!

そうなの!

収納の整理をすると、彼との関係も変わってきますよ！

エッ!!

ぎゅー
とりあえずココに
ぎゅう
収納スペースにとりあえず物を押し込むようなときは本音をうまく表現できていないことが多いのです
収納に向き合ってみると、彼とうまくコミュニケーションがとれて、素直な気持ちを伝えられるようになりますよ！

ちなつさんは、彼と結婚したらこの部屋はどうされるのでしょうか？

それはもちろん引越しますよ！

でも彼、仕事がうまくいってなさそうだし……結婚なんてまだできない感じ
負のオーラ
いじいじ…

ちなっさん ぼくからひとつアドバイスいいですか？

バーン！

結婚しない前提の部屋が、停滞感を生む！

ハッ！わたし!!

結婚して引越しをするという願いを持っているなら、未来へ向かって収納をダイエットしていきましょう！

はい、先生！

目からウロコ！

つい相手に合わせてない？自分の本音を整理すると幸せが訪れる！

「わたし、いつになったら彼と結婚できるんだろう……」

彼と付き合い始めてからもう3年も経つのに、結婚の気配なし。相手がどう考えているのかわからず、一度は思い切って結婚について聞いてみたものの、彼のバツが悪そうな態度を目《ま》の当たりにしてからは、自分から結婚の話題を振れなくなった。

そう悩みを打ち明けてくれたのは、公務員のちなつさんでした。子どもの頃から人に気を遣うタイプで、自己主張はあまりしないほう。基本的に彼の様子を窺《うかが》いながら相手のペースに合わせて過ごす毎日だそうです。

カウンセリング中、ちなつさんは何度も「彼、わたしのこと、どう思ってるのかな……」と、漏らしていました。

そんな彼女の部屋は、見た目はそれほど散らかっていませんが、とりあえず物を収納スペースに押し込むという習慣がありました。

「もっと収納スペースがあればいいのに」と、いつも思っていて、すでに収納スペースがパンパンの状態でした。

「ちなつさん、収納スペースを増やすのは、逆に部屋が片づかなくなるんです。収納がシンプルなほど、本当に必要なものに気づきやすくなり、思考も研ぎ澄まされていきます」

ちなつさんは、新鮮な発想だと驚いていました。

「収納の整理をすると、彼との関係も変わりますよ。収納スペースに物をとりあえず押し込むような時は、本音がうやむやになっていることが多いのです。ですから収納に向き合うと、自分の気持ちの整理もできるようになります。彼と、うまくコミュニケーションが取れていないことについても、素直な気持ちを伝えられるようになる可能性があります」

「そうなんですか⁉　わたし、昔から収納が下手で。いつも空いたスペースに物を押し込んでしまうんです。収納スペースと気持ちの整理にチャレンジしてみたいです」

「ところで、付き合って3年ということですが、彼はどんな仕事をされているのでしょうか？」

「飲食店を個人で経営しています。でも、あまりうまくいっていないようで……。だから、結婚はまだできないって。わたしも、できるだけ応援しようとは思っているんですが、なかなか……」

ちなつさんの悩みには、彼の職業が絡んでいました。お店の経営がいつ安定するかわからず、自分の未来も見えない状態。不安になっても仕方がないかもしれません。

「ちなつさんにとって、この先の未来は、どうなることがベストですか？」

「彼と結婚して、お店も手伝えたら嬉しいですね。でも、今は彼の収入が不安定だから、わたしが公務員として働いていることが、唯一彼へのサポートになっているのかなとは思っています。だけど、わたしはこの状況に納得していないんです」

「ちなつさん、ちなみに結婚したら、この部屋はどうされるのでしょうか？」

「もちろん引越したいです。理想を言えば、一戸建てのマイホームに住みたいのですが、彼のお店が軌道に乗っていないので、賃貸マンションで一緒に住むのかな。でも、それも夢のまた夢の話で……」

自分の望む未来は、今しばらくは叶わないというジレンマにさいなまれて、彼女の表情に影が落ちました。

「大丈夫ですよ。自分の望む未来について考えるのは、とても大切なことです。ちなつさんの望みが実現する方向へこれから意識を転換していきましょう。それが結果的に、彼との結婚につながるのです」

ちなつさんの表情が少し明るくなりました。

「これから未来に進むために収納をダイエットしていきましょう。結婚後の引越しの準備をする気持ちで向き合っていくことが大切です」

こうして、収納に向き合いながら、結婚することが前提の部屋づくりを提案していきました。

今の自分の現実を作っているのは、「前提意識」です。

現実がうまくいっていないとしたら、そういう前提で自分が動いてしまっていることに気づく必要があるのです。

結婚しない前提の部屋が、停滞感を生む！

ちなつさんのケースのように、**恋人と長く付き合っているものの、なかなか結婚に至らないと悩んでいる人は、往々にして部屋に停滞感が表れています。**

「結婚して引越しをする」という未来を思い描けていれば、「**もっと収納スペースがあったら物を整理しやすくなる**」という発想は浮かびません。つまり、理想と現実が矛盾しているのです。結婚後の引越しが前提なら、新居に持っていく物を選び、そうでないものは手放したくなるはずです。

つまり、ちなつさんの部屋は「**彼とまだ結婚できない**」**ことが前提**だったのです。

望みを素直に表現すると、その通りの未来がくる！

整理が苦手な人の心理傾向をみると、自分の想いを素直に表現するのが苦手だったり、相手に気を遣って本音を抑えていることが多いようです。

自分の気持ちをおざなりにしていると、望まない未来に意識が向くようになり、人生が停滞するようになってしまいます。自分の願望に忠実でないと、望まない現実がやってきます。収納スペースに物を押し込むほど、物理的にも心理的にも足かせになり、望む未来に進みにくくなるのです。

自分の本当の願望を明確にして、素直に表現するトレーニングをしましょう。あな

たは、本当は何を大切にしたくて、どんな未来をつくりたいのでしょうか。

あなたの願望を具体的にするために、3つの質問をします。

質問の答えを、思いつくかぎり、ノートに書き出してみてください。

「彼と結婚したあと、どんな暮らしをしたい？」

［例］ちなつさんのケース

A　公務員の仕事を辞めて、彼のお店の手伝いをしたい

B　自分の居心地がいいのはもちろん、仕事から帰ってくる彼を心地よく迎えてあげられる部屋をつくれるようになりたい

「その未来がすぐにやってくるとしたら、今どんな準備が必要？」

A↓退職するつもりで、今の職場の仕事の引き継ぎの準備

B↓お店の手伝いと家事にかける時間配分を明確にする

「望む未来に移行したあなたは、どんな アクションを大切にしている？」

A↓彼のサポートができるように、お店の情報収集や食の勉強、接客のスキルを高めている

B↓お店と家事を両立するため、時間を大切にして効率的に動いている

片づけ心理解説

片づけとは、未来から逆算して今の行動を決めること

片づけが苦手と悩んでいる人ほど、目先の問題で右往左往しています。

そもそも片づけとは、心地よい未来のイメージから逆算して、今やることを具体的に決め、行動することです。ですから、片づけの方法をたくさん学ぶよりも、「片づいたキレイな部屋」のお手本を見る機会を増やしたほうが、具体的な行動がとれるようになります。

ぼくは、片づけが苦手なクライアントさんに「友達で部屋が片づいている人がいたら、見せてもらうといいですよ」とアドバイスしています。

実際に、片づいたキレイな部屋を見ると、「理想の状態に近づく」ための一歩を踏み出しやすくなるのです。

パズルは、完成図をお手本にするから、バラバラなピースを一つ一つ組み合わせて完成させることができます。片づけも、同じ原理です。望む未来を明確にするほど、部屋も現実も整理されていきます。

すると、無意識のうちに囚《とら》われていた過去のパターンから自然と抜け出すことができ、「自分が望む未来を実現するための前向きな発想」ができるようになっていきます。

収納をダイエット

自分に向き合うことが苦手な人ほど、収納スペースに物を押し込んで「表面的にはキレイ」という環境をつくりがちです。でも、一度しっかりと収納に向き合ってみれば、片づけへの億劫《おっくう》さも減り、自分と向き合うこともできるようになります。

収納をダイエットすると、今の自分に必要ないものが明確になります。すると、仕事帰りになんとなくストレス発散で買い物をしたり、友達につられてついしてまう衝動買いも防げるようになり、結果的に物が減って収納がシンプルになります。

それは同時に、考え方もシンプルになっていくということです。

結婚に踏み出すための４つの収納ダイエット

❶バッグの整理

まずは小さな整理から取りかかると収納のダイエットに弾みがつきます。準備運動のつもりでバッグの中身を整理してみましょう。バッグは部屋の縮尺版。小さなスペースが整理できると、大きなスペースを片づける応用力が生まれます。

❷ドレッサーの整理

人生に停滞感を持っている人ほど、ドレッサーが散らかっていて、まとまりがありません。ドレッサーを意識することは、セルフイメージを見直すきっかけになります。ドレッサーを整理すると、無意識のうちにしている幸せに結びつかない自己表現に気づき、直すことができます。すると、望む未来の自分をデザインするスペースに変わります。

❸玄関の整理

玄関が心地よければ、気持ちやエネルギーを簡単にリセットできます。彼と一緒に住んで、明るい未来をつくるイメージを持って玄関を整理していきましょう。玄関がキレイだと「整理できている自分」を毎日、観察し肯定し続けることになるので、片づけに対する苦手意識の解消にもつながります。

❹リビングの整理

結婚して彼と一緒に住み始めると、リビングは「家族のくつろぎのスペース」になります。お互いにリラックスできる空間づくりを、今から心がけてみましょう。リビング空間の安定は、コミュニケーションの安定につながります。お互いに心や頭を整理して本音で話し合えるスペースがあることが、前向きな未来を一緒につくる素地を育みます。

❶バッグの整理

□ **普段使いのバッグの中身をすべて出す**

定期チェックをしましょう。物が増えていたり、散乱したりしていませんか。バッグ全体をキレイに拭いてエネルギーもリセットしましょう。

□ **今日、必要なものは？**

必要な物だけを入れる習慣を。思考がシンプルになり、起こり得る事態を想定し、人生を自らクリエイトする力を養うトレーニングにもなります。

❷ドレッサーの整理

□ **古くなった化粧品、メイク道具を手放す**

一つ一つチェックして古いエネルギーのものは処分。姿見や手鏡も丁寧に磨いて、自分をキレイに映し出せるようにしましょう。

□ **未来に合ったコスメを**

人は役割や状況によって表現の仕方が変わります。「未来の輝いている自分」をイメージして、彼女に合ったコスメやメイク道具をチョイスしましょう。

❸玄関の整理

□ **靴箱のスペースを広げる**

新居に持っていきたい靴だけを残し、お役目を終えた靴やアイテムは手放しましょう。

□ **玄関の床を美しく磨く**

片づけでは物を減らすことに意識がいきがちですが、「掃除したくなる状態」をつくることも必要。玄関が美しいと気持ちをリセットしやすく、彼と愛を育む時間を大切にできるようになります。

❹リビングの整理

□ **小物の住所を決める**

整理が苦手な人は、リビングテーブルに小物が散乱しがち。鍵や郵便物など小物の住所を決めましょう。「とりあえず」を減らすと人生が前進します。

□ **会話を楽しめる空間を**

お気に入りの観葉植物や間接照明を置いて、くつろいで会話できる空間を今からイメージ。彼と未来について話す時間が長いほど、絆が深まります。

〈ちなつさんの、その後〉

「将来は、彼とパートナーシップをとりながら飲食店を繁盛させたい」

ちなつさんは、自分が本当に望んでいる未来に気づいたことで、収納のダイエットにスムーズに取り組めるようになりました。

これまでは、彼のお店に足を運ぶことは、あまりなかったそうですが、積極的に通って、彼のお店が繁盛するためには何が必要なのか、前向きに考えるようになったそうです。

さらに、流行っている飲食店の情報を調べて偵察に行き、感じたことを彼にフィードバックしたりと、彼ができないことを、ちなつさんが担うことによって、どんどん、お店に活気が出るようになっていきました。

ちなつさんは職場の同僚への接し方も変化していきました。

「彼、わたしのこと、どう思ってるのかな……」と愚痴ばかりこぼしていたのが、彼の飲食店の様子や、がんばっている彼のことを自然に話すようになっていたそうです。

すると、今まで彼のお店に興味を示さなかった同僚から、「今度、連れて行ってよ！」と声をかけられるように。さらに職場の同僚が打ち上げや飲み会に利用してくれたり、友達を紹介してくれたりと、公務員として働いていることが今までとは違う形で、彼への貢献になっていきました。

「伊藤先生、今までずっと停滞感しかなかったのですが、最近は未来に進んでいる実感があります！　今やれる範囲で彼のお店のサポートもできるようになったし、公務員の仕事にもハリが出てきました。これまで職場の同僚とはビジネスライクな関係性が強かったのですが、プライベートでも交流を持つくらい仲良くなってきて、今まで話したことがなかった人とも会話するようになりました！」

嬉しそうに話すちなつさんは、今までの停滞感が嘘だったように、とても活き活きと輝いていました。

自分の望む未来を明確にすると、自然と「今」が整理されていきます。

片づけの技術を身につけるよりも、楽しい未来をイメージし続ける。

そうすることで、より多くの喜びを生み出す出来事が増え、片づけへの意欲も湧いていきます。

「3日で飽きられる」女の部屋ポイント

- ☑「とりあえず」という惰性で物を押し込んで収納している
- ☑バッグがいつもパンパンで、中身を把握できていない
- ☑「収納スペースを増やせば片づく」と思い込み、物が部屋に散乱

「一生一緒にいたい」女の部屋ポイント

- ☑小物の住所が決まっていて、自分のエネルギーを効果的に使える
- ☑彼と一緒に心地よく過ごすことを目的に整理している
- ☑収納をダイエットし、望む未来に必要な物だけを残している

第3章

理想の男性に出会えない

まゆみさんの部屋

ある日曜日
婚活アプリも成果でないな…
ハア…
アハハ なんだよー
んもー やめてよ〜 ウケる アーハハ
となりのマンションからカップルの声が
リア充め…
ちぇーっ 大学生かな…
今日は予定もないんだし片づけでもしないと……
チラ
片づけって、なんかテンション上がらないんだよな〜
はー
今は婚活第一だし!
だって早く結婚したいもん!
そんなヒマない!
でも昨日会った空間心理カウンセラーの伊藤先生が片づけすれば恋愛もうまくいくって言ってたっけ……
伊藤勇司先生
ピンポーン
誰?
お約束通りお片づけのアドバイスに来ました!!
ジャーン!!
キャーー 先生
突然すぎる!! もう本当に部屋がすごい状態なのに!!
いま見せれません!!
大丈夫です! ぼくと一緒に本来のまゆみさんの心地よい空間と未来を作りましょう!
近い!

部屋はこんな状態です……
フム フム
婚活と自分磨きで忙しくて全然片づいてませんかといって予定がなくても片づける気力がなくて……
やっぱり部屋が汚いから結婚できないんでしょうか……
ズーン
ないない そんなのないですよ！
まゆみさんは結婚したくて婚活をがんばっているんですね！
彼氏ができたらしたいことは何かありますか？
わたし、お菓子作りが大好きなので、彼氏ができたらお菓子を作ってあげたいなーって思ってるんです！
クッキー焼いたんだー♥
やった♥
おいしそう！
理想……♥
いいですね!!
で、そのお菓子作りは日々練習されているんでしょうか？
ごちゃ〜
ごちゃ〜
えーと
全く
……
では、まずキッチンの片づけから始めましょう！
Let's go!!
はい！先生

未来の幸せを先取りする部屋づくり

「理想の男性に、なかなか出会えない……」

ため息を漏らしながら婚活にいそしんでいたのは、会社員のまゆみさん。

理想の人と結婚するために、自分磨きの読書をしたり、自己啓発セミナーに通ったりするも、思い通りにいかず、悶々《もんもん》とする日々。

そんなまゆみさんの部屋は、玄関に入った瞬間に荒れ模様がわかるほどでした。

彼女は家に帰るたびに、「この部屋をなんとかしたい」と思うのに、なかなか片づける気になれず、散らかり具合を呆然《ぼうぜん》と見つめるばかり。

彼女が描いていた理想のライフプランは、20代前半で結婚をして、仕事を辞めて専業主婦になることでした。しかし、結婚できそうな気配は一向になく、気づけば25歳を過ぎていて、焦る気持ちが芽生えていったそうです。

「どうしたら部屋が片づくようになるのでしょうか？ 部屋が汚い女なんて、男性は引きますよね……。こんなわたしだから、理想の人には出会えないし、結婚もなかなかできないんです」

やるせない表情でそう語るまゆみさん。

「部屋が汚くても、結婚はできますよ。実際に掃除が苦手でも、結婚して幸せな女性は世の中にたくさんいます。ところで、まゆみさんは婚活や習いごとに一生懸命で忙しいようですが、彼氏ができたらしたいことは何かありますか？」

ぼくがそう質問すると、まゆみさんの目が輝き、活き活きと語ってくれました。

「わたし、お菓子作りが大好きで。先日、先生と会った料理教室でその気持ちを思い出しました。実は彼氏ができたら、家に招いてお菓子を作ってあげたいと思っているんです。彼氏の喜ぶ顔を見るのが夢なんです！」

「それは素晴らしいですね！　でも、まゆみさんは今、お菓子作りはされているのでしょうか？」

荒れたキッチンを横目に、そう質問しました。

「実は、ここ2年くらい、全然お菓子作りをしていないんです。婚活に忙しくて」

「この前の料理教室で勢いもついている今、久しぶりにお菓子作りをしてみてはどうでしょう？　婚活がうまくいかなくて自尊心が傷つく日々を過ごしているなら、一旦、ストップして、代わりに大好きなお菓子作りをして、気持ちを上げましょう。完成したお菓子は自分ひとりで食べるのではなく、職場に差し入れで持っていったり、お友達におすそ分けしたりすると、今の流れを変えることができますよ」

「そうですね……。たしかに、このままで婚活を続けていても、うまくいきそうにないし、お菓子を作ってみます！　でも、まずはキッチンを片づけないといけないですね……」

20代半ばに差しかかる頃から結婚に焦りを感じ始めたまゆみさんは、趣味のお菓子作りどころか、それまでこまめにしていた自炊もほとんどしなくなり、外食が増えていたそうです。

キッチンにはお惣菜のケースや飲みかけのペットボトルが無造作に置かれていました。

「お菓子作りのために、キッチンだけでも片づけるのはいいことですね。できれば、大好きな彼氏のためにお菓子を作ることをイメージをして、心から楽しむようにしましょう。片づけがスムーズに進むでしょうし、何より、そのエネルギーに合ったすてきな男性が現れるかもしれませんよ」

彼女は笑顔になって、自らキッチンの片づけを始めました。

今までどうしてもやる気が起きなかったまゆみさんでしたが、「彼氏ができたらお菓子を作ってあげたい！」という自分がやりたかった大好きなことを思い出したことがきっかけとなり、結果的に片づけに取り組めるようになったのです。

「欠乏感」が物を取り込む

まゆみさんのケースのように、恋愛や婚活、仕事などで、目先の結果を追い求めるあまり、部屋が散らかっているという人は少なくありません。

目先の結果ばかり求めたくなるのは、「自分には何かが欠けている」という思い込みがあるからです。

望む結果が出ないと自己嫌悪に陥り、自分のここが悪い、あれが足りないとダメ出しして、「自分に欠けているものを埋める」ような行動をとってしまうので、部屋に物があふれやすくなります。欠乏感から手に入れた物は、頭では捨てたほうがいいとわかっていても、手放せない負の連鎖に陥りやすくなります。

手放してしまうと、自分には何かが欠けているという感覚に再び襲われて、嫌な気持ちになるからです。

PART1

自信は「小さなできた」の積み重ねで育まれる

まゆみさんは婚活がうまくいかずに焦るあまり、自分のできていないところ、ダメなところにばかり目が向くようになっていました。その結果、お菓子作りが好きだったことすら忘れていました。これも欠乏感からきています。

「自分はできない、ダメだ」と思い続けていると、ネガティブな現実を引き寄せやすくなるのです。

たとえば、「わたしは仕事ができません」と言い続けている人に、仕事が回ってこないことは、誰にでもわかることでしょう。どんなに小さなことでもかまわないので、「これならできます」とアピールすれば、活躍の機会が訪れやすくなります。

第1章で、「小さな『できた』を褒める習慣」を身につけると、自己肯定感と魅力がアップするとお伝えしましたが、実は、それに加えて「自信」も取り戻せるのです。

「小さなできたを声に出して表現する」ことをおすすめしたのも、できていることを自分自身に改めて認識させることで自信がつき、すでにできていることが才能として発揮される現実を、引き寄せやすくなるからなのです。

まゆみさんが始めた片づけでも、「掃除する意欲がわいた」「ゴミを捨てることができた」「食器を洗うことができた」と褒めるポイントはたくさんあります。

そうした些細なことの連続が、自分に足りないものを埋めようとする思考癖から、既にある自分のよい部分を活かす習慣づくりのトレーニングにもなっていきます。

とても単純なことですが、「素直にやり続けただけで人生が好転した」という人がとても多いのです。

片づけ心理解説❶

目的意識がモチベーションを上げる

まゆみさんの事例で押さえておきたいポイントは、彼女はもともと片づけが苦手でずっとやる気が起こらなかったのに、「大好きな彼氏ができたら、自宅のキッチンでお菓子を作ってあげる」という明るい未来の自分をイメージしたことで行動できるようになったところです。

「キッチンをキレイにするための片づけ」ではなく、「大好きな彼氏にお菓子を作るための片づけ」。

つまり、行動に対する「目的意識」が変わったのです。

とくにキッチンは掃除が面倒なスペースですから、モチベーションが必要です。
多くの人が「これは面倒だから、余裕ができたときに、時間をとってやろう」と、タイミングを待って少しずつモチベーションを上げる努力をしますが、それは逆効果。

モチベーションは上げるものではなく「自然に上がるもの」。

気持ちを鼓舞して上げても、長続きしません。


人が自然と行動したくなるのは、「嬉しい」「楽しい」「幸せ」といった喜びが得られるとはっきりわかっているときです。

もし、今のあなたが億劫になって行動できなくなっていることがあるとしたら、目的を改めてみましょう。


モチベーションが上がって行動しやすくなることでしょう。

片づけへのモチベーションが自然と上がるように、幸せな未来を設定しましょう。

すでに自分がその状態になっているのをイメージして、嬉しい楽しい感覚を思いっきり感じましょう。

幸せなあなたが、しているのはどんなことでしょうか。
ノートに書き出してみましょう。

「〇〇した後に、やってみたいことは？」

［例］大好きな彼氏ができたときにプレゼントする、お菓子作りの練習
自分へのご褒美に、奮発して少し高い好物の食材を買って料理する

WORK

1 「できたこと」をノートに書き出す

細かいことでも、たくさん書き出しましょう。「食器を洗った」とひとまとめにするよりも、「コップを洗った」「スプーンを洗った」というふうに、一つ一つを分けて、具体的にしましょう。

2 「○○ができた!」と声に出して読み上げる

WORK 1で書いた項目を、一つ一つ、すべて声に出して読み上げてみましょう。些細なことでも、「できた!」と自分を認めてあげるだけで、心が喜ぶ感覚や気持ちよさを味わえるでしょう。
できていないことに注目するのではなく、小さく完了したことを認める体験の積み重ねが、自信を育ててくれるのです。

PART2

整理するより、ディスプレイを楽しむ！

食器棚は流動性のあるスペースですから、物が乱雑になりがちです。その見た目を通して心も乱れやすくなります。

脳科学の分野においても、「脳には、目にするものすべてを記憶する性質がある」といわれています。「目にする情報量が多い」と、自然と脳の情報処理にも負荷がかかるのです。

片づけがなかなかできないのは、気力や体力、センスがないからではありません。多くの情報を一度に目にしたことで加速度的に脳疲労が起こり、脳に負担がかからない

よう、行動を制御する指令が下されるため、動けなくなってしまうのです。

片づけ上手になるコツは、整理の技術を高めるのではなく、**「ディスプレイを楽しむ」というべつの発想に切り替えることです**。

食器棚を整理しようとするのではなく、「食器棚のディスプレイを楽しむ」。

眺めていて気持ちよく感じる構図にレイアウトを変えていくのです。

小さな範囲のレイアウトを自分なりに美しく変えることで、心の変化を実感できることでしょう。

ディスプレイを楽しむ発想に切り替えるだけで、目的が変わって整理整頓への苦手意識が薄まりやすくなります。

片づけ心理解説②

「よいイメージ」が人を根本から変える

よいイメージをたくさん抱くほど、自分自身も心地よい状態になっていきます。逆にいうと、悪いイメージを抱き続けている人は、心身ともに苦しくなってしまうもの。

部屋が片づかない傾向にある人を職種別に観察すると、学校の先生や看護師、カウンセラーやセラピスト、占い師など、人の人生に直接、関わる仕事が多いです。

なぜなら、職場で「悪いイメージを見る機会が多い」からでしょう。たとえば、学校の先生は、問題児の対応ばかりしていたり、看護師だと、病で人生に悲観的になっている人と接したり、カウンセラーであれば、心の闇が深い人と話をすることが多かったりします。

仕事をすればするほど苦しくなって、自分自身が病を患いながら仕事をしていたり、なかには辞めてしまうケースも少なくありません。

人間の脳には「ミラーニューロン」という、映し鏡のように自分が見たものと似た行動を反射的にとる働きをする神経細胞があります。

たとえば、自転車が前からやってくるので避けようとしたら、相手も同じ方向に来て、結果的にぶつかってしまったという経験は、誰しもあることでしょう。

同じように、普段、目にするイメージにネガティブなものが多ければ、「自分もネガティブな感情を抱くことが多くなる」ということです。

このミラーニューロンの性質を、ポジティブに応用しましょう。

心身が弱っているときほど、「ポジティブで活気に満ちた人を見る機会を増やす」ことで、元気を取り戻すことができます。

自分にとって心地よく感じるよりよいイメージを、できるだけ多く見ましょう。

それだけで、あなたの人生は劇的に好転することでしょう。

WORK

1 不快に感じるスペースをピックアップ

食器棚のディスプレイすべてを変えるとなると大仕事に感じてしまいます。まずは全体を見渡し、小さい範囲でかまいませんので、不快に感じるスペースを、一つだけ見つけましょう。

2 ピックアップしたスペースを美しくディスプレイ

たとえば、コップのスペースをピックアップし、種類や高さをそろえて並べ替えてみましょう。食器棚の一角の印象が変わり、次のレイアウトへの行動につながりやすくなります。

①恋愛が成就するキッチンの片づけ

あなたの恋が叶っている未来のキッチンをイメージしながら、実際に4つの片づけにトライしてみましょう！

最初は、第1章でもお伝えした「**磨くこと**」に重点を置きます。

不毛な出会いのループから脱して、**自信を取り戻すのに効果的なのが「磨くこと」です。なぜなら、快感や快適さがすぐに得られやすいから**です。

キッチンのシンクを磨いて汚れが落ちたら、確実に美しくなります。気持ちよくなり、「自分が行動したことがいい結果に結びついた」という達成感も得られます。

その体験が、あなたの自己肯定感を高め、いい出会いを呼び込んでくれるようになるのです。

❶シンクと蛇口を磨く

シンクや蛇口は水垢《みずあか》がたまりやすいものですが、磨くことで心がスッキリします。この最初の「スッキリ」をしっかり体感することが大切です。

❷排水口を磨く

排水口の汚れはしつこいように思えますが、意外と簡単に落とせます。頭でぐるぐる考えがちな思い込み癖を手放すのに有効です。

❸ガスコンロを磨く

「火」は喜びの感情を生み出します。未来のパートナーとの幸せをより拡大させるためにも、ガスコンロの油汚れを取り除きましょう。

❹洗い物は効率よく片づける

彼との時間を楽しむために、効率よく洗い物をする習慣を身につけていきましょう。

❶シンクと蛇口を磨く

☐ **洗剤不要のメラミンスポンジを活用する**

100 円均一で売っているメラミンスポンジを用意しましょう。少しの力でこするだけで、あっという間にピカピカに。美しく輝くものを見ると幸せホルモンのセロトニンが活性化！

☐ **重曹・クエン酸水を活用**

200cc の水に重曹とクエン酸を小さじ 1 杯分混ぜてオリジナル洗剤を作り、スポンジで磨いていきましょう。健康的な爽快感を得ることができます。完了の体験をするのにもってこい。

❷排水口を磨く

☐ **排水口の「フタ」と「カゴ」をキレイに**

熱湯をかけて汚れを溶かし、重曹を振りかけて、スポンジや古い歯ブラシなどで磨きます。

☐ **仕上げは素手でチェック**

最初は抵抗があるかもしれませんが、仕上げは素手で確認。小さな黒ずみやヌメリが残っていることに気づくでしょう。現実的な体感が得られ、爽快感を味わえます。

❸ガスコンロを磨く

□ **頑固な油汚れを簡単に落とす**

ドラッグストアなどで手に入る「セスキ炭酸ソーダ水」を吹きかけ、5分放置。キッチンペーパーなどでふき取ります。

□ **五徳を簡単にキレイに**

シンクで、アルカリ性洗剤を吹きかけて、5〜10分放置。あるいは、大さじ1杯の重曹を50度、200ccのお湯で溶かし五徳を30分ほど浸け置き、スポンジでこすります。

❹洗い物は効率よく片づける

□ **料理の合間に調理器具を洗う**

料理して、食事して、洗い物……と分けて行動すると、どうしても最後の洗い物は億劫に。料理の合間に調理器具を洗っておくと後が楽です。

□ **食後に食器類をお湯に浸ける**

食後は食器をシンクに移し、お湯でサッと汚れを流しましょう。油で汚れた食器も、お湯に浸けておくだけで少ない労力で洗えます。

❷食器棚を整える

キッチンを使いやすい状態に整えたまゆみさんは、次に食器棚に注目しました。気がつけば食器が無造作に置かれていて、その隙間には輪ゴムや使いかけの調味料もちらほら。多忙な日々に追われている人ほど、食器棚を適当に扱いがちです。逆にいうと、食器棚を美しく整えている人の他の部屋が散らかっていることは、ほとんどありません。食器棚は心のゆとりと充実度を表す場所でもあるのです。

「食器棚が整っていると、どんな楽しみが生まれる？」

［例］
・大好きな彼氏と手作り料理を食べながら笑顔で会話を楽しんでいる
・彼と一緒にインテリアショップデートをしている

彼氏との未来がイメージできる食器棚の片づけ

彼と楽しく過ごしている未来の生活をイメージしながら、食器棚をディスプレイしましょう。前提を変えることで、実際に恋愛が成就した人がたくさんいます。

❶食器棚を整理するための準備をする

片づけが苦手な人なほど、最初に「メインどころ」に手をつけようとしますが、その姿勢が逆に苦手意識を強めます。準備することによって効率が上がります。

❷食器棚を美しく磨く

ジュエリーショップの宝石はディスプレイケースが磨かれているからこそ、美しく映えるものです。食器も宝石に見立てて、食器棚を美しく磨きましょう。

食器棚に限らず、家具のメンテナンスはおろそかになりがち。食器を大切に扱う気持ちがあると、心の器も自然と広がります。

❸食器を確認する

食器を改めて一つ一つ確認してみることは、セルフイメージに気づき、見直すきっかけになります。

❹食器をディスプレイする

成功者の自宅を訪問すると、たいてい食器棚のディスプレイにこだわっています。日常的に美しさを追求する心が、充実した毎日を育ててくれます。

あなたの感性や喜びを、自宅に表現することで、恋愛や人間関係、将来にもポジティブな影響を及ぼすのです。

❶食器棚を整理するための準備をする

□ **食器棚の中の写真を撮る**

ビフォーアフターを確認するために、片づけに取りかかる前の状態を撮影しましょう。片づいた後、２枚の写真を見比べることで達成感を得られ、客観性も生まれます。

□ **食器棚の中身をすべて出す**

食器棚には、もう使っていないものや、奥にしまって埃をかぶっているものもあるかもしれません。一度、全部出して、必要ないものは処分しましょう。

❷食器棚を美しく磨く

□ **ガラス面を磨く**

食器棚のガラスには、埃だけでなく油粒子が飛び散っていることが多いものです。重曹水やクエン酸スプレーなどで磨きましょう。棚の中の食器も映えるようになります。

□ **食器棚の上に観葉植物を**

食器棚の上を気にする人は少ないですが、ポトスなどの観葉植物を置くと雰囲気を演出できます。水やりの習慣が生まれることで、キッチンを整える波及効果も生まれます。

❸食器を確認する

□ **心ときめく食器を見つける**

見ているだけで、うっとりする食器、彼との食事を楽しめる食器を発掘しましょう。いい気分でいることが一番の恋愛開運ポイント。ときめく食器があると思うだけで、あなたもキッチンもエネルギーが上がります。

□ **食器類のメンテナンス**

改めて食器を観察すると、くすんでいたりシミができていたりします。メラミンスポンジでこすってキレイにしましょう。

❹食器棚をディスプレイする

□ **並べ方を楽しむ**

遊び心を交えてディスプレイを楽しみましょう。どう食器を並べれば自分にとって心地いいか、探ってみましょう。

□ **好きな人の写真を飾る**

気分の上がる人がいつも側にいるという感覚を持つことが日常にハリをもたらします。好きな有名人の写真も◎

〈まゆみさんの、その後〉

キッチンを整えたまゆみさんは、すぐにお菓子作りに精を出すようになりました。

さらに、ぼくがアドバイスした通りに、手作りのお菓子を職場に差し入れするようにもなったそうです。

「まゆみに、こんな特技あったんだ！　すごくおいしい！　また、作って欲しいな」と、同僚から喜ばれるようになりました。

彼女は、その反応が何より嬉しかったそうで、お菓子作りに没頭。

「今は、料理教室にも通っているし、お菓子作りが楽しいから、しばらく婚活はしなくてもいいかな」

そう自然と思えたことで、結婚を脇におき、自分が楽しめることに時間を費やすようになりました。気づけば、自炊も復活させ、料理全般を楽しめるようになっていました。

そんなある日、同僚から飲み会のお誘いがありました。

「別の部署の人から飲み会をしようって誘われたんだけど、どうかな？　実は、まゆみが作ってくれたお菓子がおいしかったから、その部署の仲がいい先輩にも少しおすそ分けしたの。そしたら、他の人たちも喜んでいて『誰が作ったの？』って話になって、飲み会をしようという流れになって。仕事の後、いつなら空いてるかな？」

思わぬ流れから飲み会の誘いを受け、いざ当日を迎えると、

「君が、あのお菓子を作った子だったんだ！　とても、おいしかったよ。実は俺、昔から、お菓子を作ってくれるような子がいないかなって、ずっと思ってたんだ！」

そう言いながら横に座った男性が積極的に話しかけてきて、まゆみさんもまんざらでもなく会話を楽しんでいるうちに、連絡先を交換することになりました。

後日、二人で食事をすることになり、実質、それが初デートに。ふたりは意気投合して、付き合うことになったのだとか。

あれほど婚活に苦しんでいたまゆみさんでしたが、「大好きな人に手作りのお菓子をプレゼントする」とポジティブな未来をイメージしながらキッチンの片づけに取り組んだことで、その２ヶ月後に、見事に願望が実現したのでした。

「3日で飽きられる」女の部屋ポイント

- ☑ 婚活が忙しすぎてキッチンがおざなり
- ☑ パートナーがいつ訪れてもいいような状態の部屋ではない
- ☑ 部屋に自分の喜びが表現されていない

「一生一緒にいたい」女の部屋ポイント

- ☑ 片づいた空間で心地よく過ごすことを大切にしている
- ☑ 一緒に食べる料理がおいしくなるように、普段からキッチンの手入れをしている
- ☑ 食器棚や調理器具の収納棚のディスプレイを楽しんでいる

第4章

相手に振り回され浮気されてしまう

あいさんの部屋

ある日の夜
最悪……やっぱ彼、浮気してた
わたしの何が悪かったの？
この部屋で一人暮らし始めてから何回目だろうか
空間心理カウンセラーの先生だったっけ…
こないだの先生に相談してみようかな……
伊藤先生 今度相談にのっていただけないでしょうか？
送信……っと
ハァ…
ピンポーン
!?
お邪魔します！
※インターホン
もう!?
秒??
速っ！
ぼくはありのままのお部屋を見てアドバイスしたいので、気にしないで！
キラーキラー
ひえ〜
あせあせっ
ごちゃ
ごちゃ
靴の数がすごいですね……
一人暮らしでしたよね…あいさん？
は……い……

実は…
クローゼットにも物が多いんです……
ココ
おずおず
一人暮らしですよね？
？
はい……
ついついネットでポチッと買ってしまったり
ぎっしり
でもこんなに洋服買っても彼に浮気されて……
結局魅力的になれなかったってことですよね??
いつもダメ男ばかりと付き合ってしまうんです
わーーん
浮気なんてしてないよ～
ゴメン…もうしない…
それとも…
部屋が片づけられないから彼も離れていってしまったんでしょうか？
あいさん！ぼくと一緒に百貨店に行きましょう！
でも、また物が増えては……
エッ？
大丈夫！試着するだけですから！
ニコッ
!?
エーッ
部屋を掃除することだけが片づけじゃないんですよ！
どういうこと？
バーン
アレ？
アレ？
ビュー
いざ百貨店へGO!!

自分自身をどれだけ大切にしているか？

「わたし、付き合っても浮気性な人か、ダメ男ばかりで……。どうして、こうなっちゃうんですかね……。でも、みんな本当は、いい人なんです……。きっと、振り回されるわたしに原因があるんですね……」

看護師のあいさんの部屋に伺うと、クローゼットが一杯で、いつも服が片づかないとのこと。靴箱に入りきらない靴が玄関にも散乱していました。

クローゼットは「自己表現」のスペース。そこが散らかっているということは、アイデンティティー（自分らしさ）が確立されていないことを物語っています。

そして、浮気されやすい女性は、自己犠牲があり、自分よりも相手の意思を優先してしまう傾向があります。そのことを踏まえたうえで、ぼくは質問しました。

「ところであいさんは、なぜ看護師のお仕事をされているのですか？」

「わたしの小さい頃から父が病弱で、いつも母が看病していたんです。母は歳をとるたびに、どんどん痩せていって、そんな姿を見ているとつらくて悲しくて。わたしが看護師になって少しでもサポートできたらと思ったのがきっかけでした。でも、結局、父は亡くなってしまったんですけど……」

そう話すあいさんの目からは、一粒の涙がこぼれおちました。

「お母さんは、今どうされているのですか？」
「実家に一人で暮らしています」
「では、あいさんも一人暮らしなのでしょうか？」

「はい、8年前から。わたしが30歳のときに父が他界したのですが、いろいろなことが落ち着いたら、母は看病から解放されたせいか、逆に元気になってきまして。それで、わたしも一人で暮らすようになりました」

あいさんが男性と付き合っても浮気されたり、振り回されやすい心理的な理由が少しずつ見えてきました。

「人は、習慣の生き物です。普段、接する機会が多い人や、何度も目にしてきた光景がパターン化されて、自動的に同じ現象化を繰り返すのです。

あいさんのお話を伺っていると、恋愛において、ご両親との関係や習慣と似た状況を繰り返す傾向があるように感じました。看護師のお仕事もそうですが、『誰かのお世話をしている』という光景です。お世話すること自体はもちろん悪いことではありませんが、そこに自分自身の喜びがないのではないかと思います。それが恋愛パターンにも反映されているように感じたのですが、いかがですか？」

「そうかもしれません。当たり前になりすぎて気づきもしませんでした……」

あいさんはこれまでの人生において、家庭でも職場でも「人が悪い状態になっていく姿を見ること」がパターンになっていました。そこにはお母さんの姿も含まれます。そういった人のお世話を繰り返すことで、「自分の喜び」に鈍感になってしまったのです。自分自身を大切にできなくなっていたのが、彼女のダメ恋愛の原因でした。

「唐突ですが、あいさんは、もっと魅力的になりたいと思ったことはありますか？」

「えっ、それはもちろん、ありますけど……。たぶん……」

「では、今の彼との関係を通して、これから自分がどんどん魅力的になっていくイメージは持てますか？」

彼女は下を向いたまま、沈黙しています。

「あいさんは、もっと魅力的になることを自分に許可したほうがいいかもしれません。よかったら今から百貨店に行きませんか？　買わなくていいので、服をたくさん試着してみるんです。ぼくが一緒に行きますので」

突然の提案に驚いていましたが、最近、ウィンドウショッピングする機会もなかったことに気づき、一緒に百貨店に行くことになりました。

ダメ恋愛のパターンは、普段、目にするものによってつくられる

第3章で、人間の脳には「ミラーニューロン」という神経細胞があるとお話ししましたが、それが今回のケースにも関係しています。

部屋が片づかない人は、他人軸の生き方をしていたり、悪いイメージを見ている機会が多いのです。人生を自分軸に戻すためにも、「自分の喜びに敏感になり、よい感覚を味わう」習慣づくりが大切です。それが結果的に片づけにも影響していきます。

部屋を掃除したり整理整頓したりすることだけが、「片づけ」ではありません。視野を広げて、片づけの枠を超えたチャレンジをすることも効果的なのです。

PART1

部屋の中に、満足感を生み出す場所を見つける

あいさんのお話を伺いながら感じたのは、「彼女の満たされない心が、満たされない環境を引き寄せるパターン」ができているということでした。それを手放し、自分の心を満足させることを優先して味わっていただくために、百貨店にお誘いしました。

心を満足させると自分軸が定まり、そこから生活のあらゆる分野が変わっていきます。その結果、なりたい自分や生きたい人生が見えてくるのです。

他者を優先して自分軸がないように感じるとき、自分の心を満足させることを思い出す必要があります。

自分の心を満足させるスペースを部屋の中に見つけましょう。

「部屋で今すぐに、心の満足感を生み出せる場所はどこ？」

〔例〕・お風呂

「そこでどんな行動をすると、心が満足する？」

〔例〕・入浴剤を入れたバスタブに浸かり、ゆったり読書をする

落ち込んだり停滞感を抱いたら、そこで自分を満たすアクションをして、自分軸を取り戻しましょう。

さらに、質問の答えを、手帳やスマホにメモしておきましょう。心を満足させるツールをいつでも思い出せるようにしておくと、気分も生活もガラリと変わります。

片づけ心理解説❶

普段感じている感情の質と同じ現実があらわれる

あいさんに、まずは直接的な片づけではなく、感情面にアプローチする行動をしていただいたのは、普段味わっている感情と同じ現実が、目の前にやってくるからです。

いつも怒ってイライラしている人には積極的に近づきたいと思わないように、感情の質の違いが、引き寄せる現象に影響します。

あいさんが幸せな恋愛をしたことがないのも、自分自身を満足させてこなかったことで、満たしてくれない相手を引き寄せていたためと捉えたほうが、相手の男性のせいにするよりも、より本質的な幸せへと向かえるようになります。

いいことが次々と起こる人は、「いい感情を次々に連鎖させている人」です。

そして、いい感情は自分の意識次第でいかようにも生み出すことができます。

いい感情でいることが、幸せな人生を送るための鍵です。

日々の自分の感情の質に着目しながら、自分の感情を受け入れ、満足させる力を身につけていきましょう。

PART2

自分の魅力を輝かせる準備をする

できれば、いつでもどこでも魅力的に輝いている自分でありたいものです。

このうえなく個性的で魅力的な自分自身をイメージすることで、あなたの魅力を発掘することができます。

まずは、次の質問に答えてみましょう。

「魅力的なあなたは、どんな表情をしている？」
［例］・口角が上がっているかもしれない
・もっと目力があるかもしれない

魅力的な自分がどんな表情をしているか知ると、さらに隠れていた魅力や個性が芋づる式にわかるようになります。

「魅力的なあなたは、どんな姿勢をしている？」

［例］・胸を張って凛としているかもしれない
・スラッと背筋が伸びているかもしれない

片づかない人の姿勢を観察すると、猫背で、目線が下がり気味な人が多いのです。そのような姿勢から受けるのは、引っ込み思案だったり、押しに弱そうな雰囲気。姿勢を変えるだけで、人に与える印象もまるで変わります。

自分を前向きに変えたい人は、今の姿勢を変えることを意識するとよいでしょう。

「魅力的なあなたは、どんな言葉遣いをしている？」

〔例〕・「です」「ます」調の言い切った表現をしている
・「かわいい」「素敵」という言葉をよく使う

「言霊《ことだま》」といわれるように、普段、放つ言葉はその人の人生に大きく影響します。

未来の魅力的な自分が話しているであろう言葉を具体的にイメージすると、今の自分から生まれる言葉も、感情が伴った魅力的な言葉遣いに変わっていきます。

片づけ心理解説②

「反応的コミュニケーション」から「創造的コミュニケーション」へ

人は意識しなければ、反応的なコミュニケーションをとりやすいものです。

笑顔の人を見ると楽しくなったり、怒っている人を見たらイライラしたり……。よくも悪くも、他人に影響されてリアクションをとるということです。

反応的コミュニケーションを続けていると、自分軸が定まらず、一貫性がなくなります。ダメ恋愛を繰り返す要因の一つでもあります。

創造的コミュニケーションで自己表現することを意識すると、自分の望む人生が送れるようになり、さらに自由でシンプルになります。

自分を主体にした、創造的なコミュニケーションがとれるよう、トレーニングしていきましょう。

1 ゴールを「自分の感情を受け入れ、自分を満たすこと」に設定する

あいさんのケースのように、ぼくは以前、片づけの個人セッションで、海や山に自然を味わいに行ったり、リアル脱出ゲームに参加してみたりと、片づけとは関係のないような場所に、一緒に出かけることがありました。

「自分の感情を受け入れ、自分を満たすこと」がとても大切で、片づけにもポジティブに影響してくるからです。逆にいうと、ネガティブな感情を持て余し、自分を満たせていないために片づけられない状況に陥っている人が、とても多いのです。

自分を満たすことが生活にハリをもたらす原動力になり、その結果、片づけをはじめとする、あらゆることへのモチベーションも自然と湧きあがってくるようになるのです。

自分を満足させて幸せになるトレーニング

❶試着を楽しんで、魅力的な自分を発掘する

ファッションアイテムは自己表現の一つ。着る服を選ぶということは、「表現する自分を選ぶ」ということ。自分の喜びや魅力を知ることにもつながります。

❷自分を満たす体験を繰り返す

よい感情で過ごす時間が増えると、「自分の喜びを増やすための発想」が生まれやすくなります。

❸自分の中にイケメン彼氏を作って、自分を喜ばせる

自分だけを見てくれて大切にしてくれるイケメン彼氏を、自分のなかにつくってみましょう。自分を愛する分だけ、現実でも男性から愛されるようになります。

❶試着を楽しんで、魅力的な自分を発掘する

□ **値段を気にせず「着たいアイテム」を試着する**

ショップに入ると無意識のうちに「自分が出せる金額の範囲内」でアイテムを選んでしまいがち。金額を見ずに、身に着けたいものを選びましょう。自分の本当の望みや本音が明確になります。枠を取り払って自由を味わいましょう。

□ **お気に入りの自分を記録する**

試着して気に入ったアイテムがあれば、鏡に映る自分をスマホで撮影し、記録しておきましょう。

❷自分を満たす体験を繰り返す

□ **自然と笑みがこぼれることを想像する**

思わずにやけてしまうような想像をして、ポジティブな感情で自分を満たしましょう。

□ **魅力的な人から魅力をゲット**

脳は、自分と他人を区別できません。その性質を活かして、たくさんの人の魅力を自分のものにしてしまいましょう。恋愛においては、好きな男性の魅力も自分に取り入れることで、相手への執着や依存心が減っていきます。

❸自分のなかにイケメン彼氏を作って、自分を喜ばせる

□ 自分とデートをする

自分のなかのイケメン彼氏から、１週間前や１ヶ月前に、自分にデートを申し込んで、スケジュール帳に日程を記入しましょう。おいしい食事やレクリエーションをプレゼントして、自分を喜ばせましょう。

□ 自分とのアポを最優先する

自分とのデートの予定を入れたら、それを最優先しましょう。あとで人からの誘いが来ても、断ります。自分の喜びを最優先する選択の力が自己信頼感を高めてくれます。

❷自己表現に一貫性を持たせる片づけ

あいさんは、百貨店で値段を気にせずに着たい服を試着してみたことで、「自分をもっと魅力的にしていきたい」という素直な気持ちを抱くようになりました。

そのうえでクローゼットを見直すと、これまでとは違う基準で整理ができるようになったのです。

ファッションやクローゼットは自己表現を意味しますから、その整理をするということは「パーソナリティーの整理」にもなります。

「人から自分がどう思われるか」という受動的なスタンスから、「人に自分をどう見せるか」という能動的なスタンスでファッションアイテム選びができるようになりますし、それに合わせて日常も変わっていくことでしょう。

❶クローゼットの中身をチェックする

クローゼットの中身を確認して全体像を把握しましょう。どんな服やアイテムがあるのか一つ一つチェックして、「自分を魅力的にする服やアイテム」を探します。

❷直感的にファッションアイテムを分類する

「自分を魅力的にするアイテム」という基準でクローゼットを見ていくと、自然と「そうでない服」がわかるようになります。直感的な判断で振り分け処分しましょう。

❸鏡を使って、人にどんな印象を与えるか考える

自宅の鏡で「魅力的な自分を見る」習慣を持ち、人にどんな印象を与えたいか考えましょう。魅力的な自分に毎日出会うと、未来を変える原動力が湧いてきます。

❹ファッションアイテムが映えるクローゼットに進化させる

クローゼットを「自分をより魅力的にするスペース」と捉えて楽しみましょう！

❶クローゼットの中身をチェックする

□ **無意識に選びやすい色の傾向をチェックする**

自分の好みで選んでいると思っていても、実は「今の心境に合った服を無意識に選んでいる」ことが多いものです。ネットで「色彩心理」を調べ、無意識に選んでいる色と心理を照らし合わせて、自分の状態を客観視しましょう。

□ **見せたい自分をイメージする**

女性らしく魅せたいならピンク、清潔感を演出したいなら白、活発な印象を与えたいなら赤など、色を意識したアイテムを身にまとうことで、なりたい自分を演出できます。

❷直感的にファッションアイテムを分類する

□ **「見せたい自分のカラーバリエーション」のアイテムを残す**

これから自分が打ち出したいカラーのアイテムを探しましょう。新しい自分に生まれ変わるためのクローゼットに進化します。

□ **アイテムをスマホで撮影**

これから自分が表現したいカラーのアイテムをスマホで撮影して記録していきましょう。自分らしさの基準が明確になれば、次に買う時の参考にできます。靴やバッグと合わせてイメージすると小物の整理にも。

❸鏡を使って、人にどんな印象を与えるか考える

□ 鏡で笑顔の自分を見る

笑顔は意識すれば、つくれるもの。鏡の前で、「笑顔になっている自分」を見続けましょう。笑うことで幸福ホルモンといわれるセロトニンが分泌され、満たされます。

□ 鏡の前でポージングしてみる

お気に入りのファッションをコーディネートして、自分がモデルになった気分でポージングを楽しみましょう。どんな角度で、どんな姿勢で、どんな表情をしていると、より魅力的に見えるでしょうか。

❹ファッションアイテムが映えるクローゼットに進化させる

□ ショップのディスプレイを観察する

ショップに行った時に、ディスプレイを観察して、クローゼットづくりの参考にしましょう。とくに空間のつくり方を研究すると、自分の魅力を打ち出すセンスが磨かれていきます。

□ ずっと眺めていたくなるディスプレイを作る

ショップのディスプレイを、自分のクローゼットに活かしてみましょう。アイテムの色や高さ、たたみ方を統一すると、美しくなります。満足感と喜びを味わうことができます。

〈あいさんの、その後〉

百貨店で試着をしたとき、あいさんは「久しぶりに楽しんでいる自分と出会えた」とおっしゃっていました。それがきっかけで、もっと自分を大切にしてあげたいと思うようになったそうです。

すると、彼に振り向いてもらうためにお世話をしたり、自分を犠牲にするようなスタンスをやめて、自分を大切にしてあげるため、自分がより魅力的になるためにはどうすればいいかを考えるようになりました。

数ヶ月後、彼女から1通のメールが届き、「新しい彼ができました」とのご報告をいただきました。

自分の魅力を発掘していくうちに、前の彼に尽くしすぎていた自分がバカらしくなり、別れを告げたそうです。その後は、無理に恋人をつくろうとはせず、自分を大切にすること、自分の魅力を発掘することに集中していました。

ある日、友人から飲み会に誘われたことがきっかけで、アパレル関係の仕事をしている男性とのご縁が生まれ、お付き合いすることになったのだとか。

「今の彼は、わたしの魅力的なところをたくさん発見してくれて、わたしのことをしっかりと見てくれているんだなと愛されていることを実感します。これまで付き合ってきた男性たちとは正反対のタイプですが、一緒に高め合えるパートナーができて本当に幸せです」

あいさんが自分を大切にすると決めて、魅力を発掘するアクションを重ねたからこそ、さらに自分が魅力的になるようなパートナーと巡り合えたのでしょう。

いいご縁に恵まれないと悩む人ほど、うまく自己表現ができていないケースがほとんどです。自己否定しながら自分の内面を変えようとするのではなく、自己肯定して見た目の印象を変えていけば、結果的に内面も、望む自分自身に自然に変わるようになっていくのです。

「3日で飽きられる」女の部屋ポイント

- ☑ 満たされない気持ちを埋め合わせるように買ったものが多い部屋
- ☑ 服を詰め込んでいるだけのクローゼット
- ☑ 流行やセールなどで衝動買いした服が多い収納

「一生一緒にいたい」女の部屋ポイント

- ☑ 喜びにあふれ、満たされた心地よい部屋
- ☑ ファッションアイテムが映える、空間にゆとりがあるクローゼット
- ☑ 自分カラーを演出するファッションアイテムを収納

第5章

夫から離婚したいと言われている

あやこさんの部屋

ある休日
やっぱり伊藤先生に相談してみよう
何か変わるかも…
でも空間心理カウンセラーの先生に相談してなんとかなる問題なのかな
だっていつだって部屋はキレイに片づけてきたもの
ピカピカ
まさか……この部屋に悪霊がとりついているとか?
そういうのはないですよ!
伊藤先生
噂どおり速い!!
キレイにお片づけされていますね!
ピカー
ピカー
ありがとうございます!
片づけはわりと好きで
でも旦那は帰って来なくなった……何ででしょう?
もう別居して一年以上になります
ハー
わたしの何がいけなかったんでしょうか?
物増やしすぎ!
本も整理して捨ててね
ゴミ袋
物であふれちゃう〜〜

読み終わったら要らないの、整理してね!!
ゴミ
あなたってすぐ物を溜めこむから……
物はすぐ整理しないと♪
シンプルに生活できないわよ!
ピカー
ピカ
俺の居場所がない……
あやこさんはキレイ好きで家事も完璧です!
それ自体ステキなことですが…
でも旦那さんはあやこさんが勝手に物を捨てたりすることで、自分の居場所がないように感じたのではないでしょうか
バー
ズバリ!あやこさんは、キレイ好きの人が陥りやすい罠にハマってしまっています
ぼくが教えますよ!
お願いしますー
ワナ
Help!

男性にとって〇〇〇することが家庭円満の秘訣

ドラマのワンシーンに出てくるような、チリ一つ落ちていない美しい一軒家に暮らす、専業主婦のあやこさん。一見、主婦の鑑《かがみ》ともいえる彼女のすてきなライフスタイルの裏には、人には言えない悩みがありました。

「実は、夫と別居していて、離婚してほしいと言われているんです。あの人、ほんとワガママで、自分勝手にも、ほどがあります！」

別居生活は1年以上。夫は、ある日、突然帰ってこなくなったのだとか。事態を呑み込めないあやこさんは、いらだちを募らせていました。

「お気持ちはよくわかりました。でも、同時に、旦那さんのあやこさんへのお気持ちを、あやこさんは理解されているのでしょうか？」

「何も話さない人なんですから、わかるわけがありません。いつも自分の世界に閉じこもっていて、私のことなんて、何にも考えていないんです！」

夫のことを話せば話すほど、ヒステリックになっていく彼女。これ以上は堂々巡りになるので、話題を変えることにしました。

「ところで、以前は、旦那さんの部屋の掃除はどうされていたのですか？」

「放っておくと、どんどん物が増えていくので、私が掃除してあげていたんです」

「旦那さんの物を、あやこさんが勝手に捨てることはありましたか？」

「はい。あとで使うとか、これは取っておきたいとかで部屋が物であふれ返って、どんどん運気が悪そうな状態になっていくので、私が定期的に捨てていました。けんかになることもありましたけど、放っておいたら、とんでもないことになるんですから、捨てられても仕方ないですよね」

あやこさんのお話を聞きながら、夫が家を出た理由が、つかめてきました。おそらく彼は、自宅では心が休まらなかったのです。

「旦那さんは、ご自宅に居場所がなかったのではないかと感じたのですが、いかがでしょうか。ぼくがこれまで多くの方の部屋を見てきた経験上、別居や離婚に至る部屋には共通点がありました。それがまさに『夫の居場所がない』という特徴です。

たとえば、子どもが生まれたり思春期を迎えたりして、夫の部屋を子ども部屋に替えたところ、気づいたら夫の帰宅時間が遅くなったり、帰ってこなくなったりして、家庭崩壊の危機が訪れたというケースをたくさん見てきました。

男性は安心できる居場所があるからこそ、仕事や社会といった戦いの場へ向かえる

という原始本能があります。

疲れて帰ってきた時、一人になって心を休めるテリトリーが確保されていることが大事だったりするのです。

旦那さんは、家に帰っても自由がないストレスを、ずっと抱えていたのかもしれないとぼくは感じました」

あやこさんは黙り込み、何かを考えるように下を見つめていました。

「**あやこさんはキレイ好きで家事もそつなくこなし、主婦の鑑といえるほど、旦那さんをたくさんサポートされてきたと思います。ただ、それが相手のためになるとは、かぎらないのです。**

旦那さんのことは一度、脇において、自分自身を知る意味でも、キレイ好きな人が陥りやすい心理パターンについて、今から一緒に考えていきませんか？」

彼女は、ぼくの話に興味を持つ様子を見せるようになりました。

キレイ好きなほど、人を苦しめる

「部屋をキレイにすれば幸せになれる」という片づけ神話は、もはや崩壊してきています。

ここ数年で「部屋がキレイでも幸せを感じない」という人が急増しているのです。

あやこさんのような、一見幸せそうでキレイ好きなタイプの人が、実は家庭が冷え切っていたり、別居や離婚問題を抱えていたり、自分以外の家族みながうつ状態というケースも少なくありません。

独身の人だと、恋人はいるのに、なかなか結婚に至らないことで悩んでいたりします。

そこには、日頃の片づけ行為に反映された「考え方」が深く関係しているのです。

人生を好転させる考え方を、相手にとって効果的に使う

完璧主義なキレイ好きや潔癖症の人は、心地よい空間を美しくクリエイトする反面、他人を自分の価値観で縛る窮屈なコミュニケーションを無意識にとりがちです。

昨今の片づけブームで、部屋をキレイにすることで人生が好転した人もたくさんいますが、だからこそ、他者に「そうしないと、いい人生は送れないよ！」と善意の押し売りをして、無自覚のうちに相手を傷つけているケースも少なくないのです。

片づけを通して身につく考え方は、自分の夢や目標を達成するうえでは、とても効果的に働いてくれます。しかし、他者とも、その考え方で向き合ってしまうと、最悪

の事態を起こしかねない、諸刃《もろは》の剣でもあるのです。

キレイ好きなタイプの人は、自分の「思考の癖」を客観視して、他者との関わり方を見直す機会をつくりましょう。

その① 白黒ジャッジ思考に気づく

キレイ好きな人ほど、「白か黒か」「0か100か」のジャッジで人と関わりがち。

まずは、自分がどれだけ白黒ジャッジ思考を持っているか、知ることが大切です。

「夫（パートナー）に対して、『こうすべき』と思うところは？」

［例］・物は溜め込まずに、どんどん捨てるべき！
・考えていることは全部、話すべき！

その② 相手と対等な関係を築く

人生を好転させる考え方は、つい人にも教えたくなるものですが、誰にでも、あてはまるわけではありません。人によって、学びの段階やプロセスが違うからです。

相手を尊重する、思いやりの心を大切にする必要があるでしょう。

自分と相手の、あるがままを許し、受け入れられるようになると、対等な関係になり、いい意味で気を遣うことなく、安全に会話できるようになります。

「相手と気持ちよく会話するために、わたしが心がけるとよいことは？」

〔例〕・自分の考えを言う前に、相手の意見を聞いてみる

・どんな話も、一旦は受け入れる姿勢

その③ 相手の成長に貢献する

「その1」で、白黒ジャッジ思考を手放し、「その2」で、相手と自分のあるがままを許し受け入れられたなら、ようやく、「人生を好転させる考え方」を、相手を手助けするために、ポジティブに使えるようになります。

結果的に、相手の成長に貢献し、パートナーシップが深まり、あなたも幸せとともに成長していることでしょう。

「どんな話を聞いてあげると、相手の心が整理されると思う?」

［例］

・行き詰まっている仕事の悩み

・愚痴や弱音など、言いたいけど言えないでいるような心の声

片づけ心理解説

第三者の力を借りて、「正しさ」を手放そう

ここ数年、「部屋をキレイにしているのに幸せを感じられない」という人が増え、片づけ神話が崩れてきていると、お話ししました。

その原因はさまざまありますが、なかでも大きな理由の一つが、「正しさへの囚われ」といえるでしょう。

現代社会では、感性よりも理性が重視されているため、多くの人が、「正しい考え方や生き方に従えば、幸せになれる」と勘違いしているのです。

キレイ好きな人が、その罠にかかりやすい傾向にあるようです。

キレイ好きな人は、「正しさ」で人をジャッジしてしまいがちです。

正しさは、時に人を傷つける凶器になります。

「正しいかもしれないけれど、一緒にいて楽しくない」と、人が離れていく要因にも

なりかねません。

正しさの思考回路から抜け出すには、自分の考え方の偏りを客観的に見つめる視点と視野が必要です。

あやこさんが、ぼくと関わることで、自分と夫のことを冷静に見つめる姿勢を見せたように、キレイ好きな人は、考え方の偏りを緩和してくれるフラットなスタンスの友人やカウンセラーなど、第三者に相談する勇気と習慣を持つことが効果的です。

「正しさ」の枠を取り払い、調和したバランス感覚を養ってくれることでしょう。

片づけを通して「自動思考」をキャッチする

人生を好転させる片づけの「考え方」は、人間関係において諸刃の剣のように作用することがあり、それが原因でキレイ好きでも幸せを感じられない人が増えている、とお伝えしました。

人の習慣は、行動の繰り返しによってつくられます。そこから「認知の癖」ができあがります。それは、起こった現象に対して反射的に浮かび上がる特定の認識パターンのこと。認知行動療法では「自動思考」といいます。

自分の「自動思考」を客観的につかめるようになると、人間関係では諸刃の剣になりかねない、「人生を好転させる片づけの考え方」を、お互いにとって発展的に活かせるようになるでしょう。

❶埃払いで「エゴへの嫌悪感」に気づく

「埃」は、人間のエゴや雑念の象徴。埃を払う掃除を通して、相手と自分のエゴや雑念を、いかに嫌っているか、気づきましょう。受け入れた分だけ人間関係がスムーズになります。

❷窓拭きで「完璧主義」に気づく

「窓」は、ピカピカなほうがもちろん気持ちがいいものですが、人間関係においては、完璧主義や潔癖度を測るツールになります。あなたはどれくらい完璧主義ですか？

❸トイレで「パートナーや家族の様子」をキャッチ

トイレは、「素の自分」が表れるスペース。自分はもちろん、パートナーや家族の無意識レベルの状態を、健全に観察しましょう。

❶埃払いで「エゴへの嫌悪感」に気づく

□ 埃払い、どこまでやりたくなる？

埃を取り除く掃除を、自分が「どこまで徹底しているか」、観察しましょう。その心理がそのまま、「相手のダメなところ探しや改善欲求」につながっているかもしれません。相手のことが許せないのは、自分のその部分を嫌っているからなのです。自分の欲望や、醜いパーソナリティ、ネガティブ感情を許し、受け入れるとラクになります。

❷窓拭きで「完璧主義」に気づく

□ 窓の汚れへの注目度は？

窓についた手垢や埃が気になって、拭きたくなるスパンはどれくらいでしょうか？ そのスパンが短く、一点のくもりもない状態にこだわるほど、相手に完璧さや正しさを求めている可能性があります。キレイにしたい気持ちもわかりますが、人間関係においてはその注目度がネガティブに働く場合があるのです。多少の窓汚れよりも、パートナーや家族との団欒を楽しみましょう。

❸トイレで「パートナーや家族の様子」をキャッチ

□ **トイレの様子に変化は？**

トイレは緊張と緩和を象徴する、プライベート空間。素の自分があらわれやすいので、それぞれの行動や考え方の違いを客観視できる場所でもあります。前回のトイレ掃除の時との違いに注目しましょう。自分も含め、パートナーや家族の無意識レベルの変化に気づくことができると、接し方や話し方を、やさしく、しなやかに変えられるようになれます。

〈あやこさんの、その後〉

あやこさんは、自分の「思考の癖」を見つめ直したことで、夫に対する捉え方や態度が変わっていきました。

「夫は仕事で疲れて家に帰ってきたら、わたしに嫌味まじりに部屋の汚さを指摘されて、さらには勝手に物も捨てられる。それじゃあ、帰ってきたいとは思えないし、自分の居場所がないと感じるのも当然ですよね」

そう冷静に話すあやこさんは、とても穏やかな表情になっていました。

「今まで自分を振り返る機会がなくて気づきませんでしたが、一方的に夫を責めるわたしにも、それなりに問題があったんですよね。どうなるかはわかりませんが、これからは、お互いが素直になれるような話し合いをしていこうと思います」

それから1ヶ月後、あやこさんから連絡がありました。

「あれから夫と、ゆっくり話をすることができました。わたしの態度がいつもと違うので、最初は警戒されてしまいました。わたしの心境の変化を正直に伝えて、夫にも実際のところ、どう思っているのか聞いてみました。

伊藤先生がおっしゃっていたように、家に帰ると、わたしがガミガミうるさいので、仕事に行き詰まったときや、これからの人生について考えたいのにゆっくりできなくて、頭や心の整理ができずにいたのだそうです。それで、一人になりたくて家を出たということでした。

まだ別居は続いているのですが、じっくり丁寧に話す時間を持つようにして、お互いのことを理解し合う機会をつくっていこうと思います。今、とても心がすっきりしています」

「キレイは良い、汚いは悪い」といった善悪の二元論を超えて部屋を捉えていくと、今回のあやこさんのように、「人生を整える」きっかけが生まれます。

「3日で飽きられる」女の部屋ポイント

- ☑ 相手にとっては「居場所がない」と感じる部屋
- ☑ 相手の言うことに聞く耳を持たず、「白黒ジャッジ思考」
- ☑ 相手をコントロールして、改善を要求する「サゲマン思考」

「一生一緒にいたい」女の部屋ポイント

- ☑ 家族に「居場所をつくる」ことが目的
- ☑ 相手の気持ちをくみ取ろうとする、「受け取り思考」
- ☑ 相手の散漫な心を整理して、成長へと導く「アゲマン思考」

第6章

一生一緒にいたい女性になるには

いい男探しから、いい男育てへ

ぼくの空間心理カウンセラーとしての活動は10年目を迎えましたが、これまでの経験を通してわかったことは、**具体的な片づけをしなくても、「考え方」を切り替えるだけで、何年も手をつけられなかった部屋でも、一瞬でキレイに片づけられるようになるということです。**

日々の過ごし方も自然と変わり、恋愛、結婚、仕事、ビジネス、人間関係など、人生のあらゆる分野が一変する人たちをたくさん見てきました。

現在、ぼくは直接、レクチャーはしていませんが、２０１７年４月に片づけ心理研究所を立ち上げ、片づけの概念をさまざまな分野に応用する研究をしています。

最後の章では、恋愛に特化した片づけ心理メソッドとして、「一生一緒にいたい」女性になるための方法をお伝えしましょう。

その前に、少しだけぼくの個人的な話にお付き合いください。

この10年間で、ぼくは監修したものも含めると10冊以上の本を出版し、累計20万部を突破。１万人以上の方々の人生に影響を与えてきました。

今の仕事を始めてからぼくを知った人からは、「仏のような顔をしていますね」と言われるようになりましたが、実は20代前半のぼくは、金髪で目つきが悪く、近寄りがたいオーラを持った人間でした。

思春期の頃、両親が商売に失敗し、多額の借金を背負ったことで食事に困る日々を過ごしました。キャベツの芯をかじっていたこともあるくらいです。

自暴自棄になって悪友と付き合い、ギャンブルにハマって借金をつくったこともあります。お金がないことが不幸の元凶だと思い込み、一発逆転の儲《もう》け話にばかり、手を出そうとしていた時期もありました。

そんな、うまくいかない日々を過ごすなか、バーで仕事をしていた時に出会ったのが、今の妻です。ひとめぼれでした。

「もっと、この子と一緒にいたい」

そう思い、連絡先を交換。でも、ぼくはマメなほうではなかったので、最初のうちは、2、3週間に一度メールをするくらい。彼女は、ぼくの想いがよくわからないという感覚だったと思います。

不定期にメールをやりとりしながらも会う時間が徐々に増え、ぼくから告白して、正式に付き合うようになりました。

妻は出会ったときから、当たり前のことを大切にしていて、些細なことに幸せを感じる人でした。当時のぼくはまだ、一攫千金《いっかくせんきん》を狙うハングリー精神が旺盛だったので、大口を叩《たた》き、見栄ばかり張っていました。

彼女は、ぼくの夢物語にはあまり興味を示さず、ただ一緒に楽しく過ごす時間を大切にしてくれていました。

「特別なことをするよりも、普通に一緒に楽しく暮らせるのが幸せ」

いつもそう語る妻を見ながら、ぼくは次第に「自分を改めたい」という気持ちになっていったのです。

昔は道端に唾を吐くような素行の悪い人間だったぼくが、片づけ心理の仕事を通して他者の人生に深く関わりながら、人に喜ばれる存在として成長できたのも、妻の存在があったからです。もし、彼女に出会っていなければ、今の自分は確実にないと痛感しています。

そんな妻との関わりを通して、ぼくが感じてきたことが、この章でお伝えしたいテーマです。

「いい男を見つけるより、いい男になるように育む」

前述したように、過去のぼくは、ろくでもない人間でした。でも、そんなぼくのなかにも、小さな「魅力の種」が備わっていたのも事実だったのです。

妻は、その種をずっと育て続けてくれました。彼女が意図的にぼくを育んでいたかはわかりませんが、結果的にぼくは育まれていたと、今では確信しています。

いい男性に出会えないと嘆く女性ほど、ダイヤモンドのような輝きを放つ理想の相手を探しているものです。でも、ダイヤモンドも、もとは、ただの石ころ。磨かれることで、永遠の輝きといわれる美しさを放つようになっていくのです。

ダイヤモンドの原石のような男性は、世の中にたくさんいます。しかし、いい男になる資質があるのに表面を見ただけで「全然ダメ」と弾かれて、資質が育つことなく、心が折れそうになっている男性が現代にはかなり多いのではないかと、今の仕事を通して切に感じています。

だからこそ、もしあなたが本書を通して自分の魅力を輝かせ、自己肯定感が高まったなら、**今度は「男磨き」にチャレンジ**してみていただきたいのです。

ぼくは片づけから、「人の魅力を引き出す能力が飛躍的に培われる」という副産物が生まれることにすばらしさを感じています。

片づけをすればするほど細部に注目する力が養われます。それが、相手が頭のなかで漠然と考えていることを整理してあげ、その人がなりたい自分になるサポートをする力へと自然と進化していくのです。

すると、相手のなかに埋もれていたダイヤモンドの原石ともいえる「魅力の種」を発見できるようになります。その種を育んであげられたなら、その男性は間違いなく、あなたのことを一生大切にしたい人として愛してくれるでしょう。

たとえ、それが結婚という形ではなかったとしても、あなたのことをリスペクトしながら、一生を通していい関係性を築ける「心友」になるはずです。そうやって育まれたご縁から、また良縁が生まれ、好循環の人生へとつながってゆくのです。

それでは、具体的に、「最悪のなかにある最高の種」の発見にトライしてみましょう。
セミナーでこのワークを行うと、価値観も男性を見る目もガラリと変わり、恋人ができたり、結婚することになったり、まったく会話のなかった夫婦が、ものすごく仲良くなったりと、パートナーシップや人生が劇的に進化します。

その① 理想の男性像を書き出す

あなたにとっての「理想の男性像」を思いつく限り、ノートに書き出しましょう。
収入や肩書きや人柄など、自由に望むがままに、できるだけたくさん挙げます。

［例］
・年収3000万円以上で、職業は医者の男性
・優しくて思いやりがあり、一緒にいて楽な男性

その②最悪な男性像を書き出す

ノートの次のページに、思いつくままに、最悪な男性像を書き出します。

〔例〕
・借金だらけの男
・嘘ばかりつく男
・何をやってもすぐに諦める男

その③理想の男性像を書いた紙を破り捨てる

今、目の前に、理想の男性像と、最悪な男性像の２枚の紙がありますね。
その一方である「理想の男性像」の紙をビリビリに破り捨てましょう。
一瞬、間違いかと思ったかもしれませんが、そうではありません。
「理想の男性像」の紙のほうを捨てるのです。

その④ 残った最悪な男性像を一言で表現する

残った「最悪な男性像」に出てきたフレーズをシンプルにまとめて、「最悪な男性は、こんな人」という人物像を書いてみましょう。

〔例〕
「借金だらけの男」「嘘ばかりつく男」「何をやってもすぐに諦める男」
↓
「いつも現実逃避している男」

その⑤ 最悪な男性のなかにある最高を導き出す

ステップ4で導き出した「最悪な男性像」のフレーズから、「その最悪な男性が、いかにすばらしい存在か」、真剣に考えてみます。

ポイントは、欠点やダメな部分の対極を見るようにすること。ダメな要素であったとしても「前向きに捉えたら、どう表現できるか？」置き換えてみるのです。

［例］

「いつも現実逃避している男が、いかにすばらしい存在か？」

・借金だらけ ➔ 借金できるということは、それだけの信用と、お金を借りることへの情熱、人が貸してもいいと思える魅力はあるのかもしれない

・嘘ばかりつく ➔ 想像力豊かで小説家の才能があるのかもしれない

・何をやってもすぐに諦める ➔ 何度もチャレンジしているということは、勇気ある人なのかもしれない

・いつも現実逃避している ➔ 危機回避能力が高い。セキュリティー関係の仕事に向いているのかもしれない

このワークは、複数の人でやるとさらに発想が広がるので、友達や仲のいい人、３～６人くらいで集まって一緒にやると、おおいに盛り上がり、意外なことに気づけるでしょう。

「最悪のなかにある最高の種」を導き出す能力に磨きがかかると、相手のなかにある真の魅力に気づく力も養われていきます。その「魅力の種」を育むことによって、結果的に相手もよりよい人生を生きられるようになり、自分の感性と視野も広がっていきます。相乗効果で、お互いの人生がすばらしい方向へと昇華されます。
「相手のなかにある魅力の種」が育まれるほど、相手も自分も喜びが増幅するので、「さらに成長、拡大していく未来」をお互いが見たくなってくるのです。

片づけが苦手な人ほど、思考が過去に引っ張られがちです。

過去の体験や、自分の価値観をもとに未来を想定し、「古い自分」をベースにした意思決定の連続が、前に進まない現実を生み出します。

そんな停滞した現実を変えるには、「自分の望む未来に意識を向ける」ことです。

できるだけ具体的に、「自分の未来はこうなる」と望みを思い描くと、実際に、どんどんその方向へと進むようになっていくのです。

望む未来の自分のイメージを具体的にするためにもっとも重要なポイントは、「育む」という観点を持つこと。

人間は無限に成長していく生き物です。結果ではなく、「成長を目的にする」ことで、一生一緒に成長し、育み合えるパートナーシップを築くことができます。

ちなみに、ぼくは10年以上前、「最悪のなかにある最高を導き出すワーク」の検証を3年間、行ったことがあります。

自己啓発本などには、「メンター（尊敬できる師匠）を持とう」「お互いを高め合える仲間を持とう」などと、よく書かれています。成功するためには、それが必要不可欠というメッセージも聞きます。

当時、あまのじゃくだったぼくは、

「じゃあ、この逆をやったら、どん底になるということかな？」

と思い、本当にそうなるか実験してみたのです。

１００人社員がいれば、１００人全員から文句や悪口を言われている社長をはじめ、

「あの人には近づかないほうがいい」「あの人は性格が悪いからダメ」という評判の人たちに、積極的に会いました。

「こういうところが、嫌われる要素なんだ」

と思うことが、やはりたくさんありました。

しかし、一度だけの対面で終わらせず、何度も会っていくうちに至った結論は、「最悪な人は一人もいなかった」ということでした。

つまり、最低最悪と名高い人でも、「一般的に最悪と受け取られやすい要素を、人よりも多く持っている」だけであって、その人自身が悪いわけではなかったのです。

そして、一般的に悪いと受け取られる要素ではなく、その人本来の魅力や個性、純粋な部分に目を向けて、一緒に磨き合うような関わり方をすると、すべての人がよりよい方向へ人生を輝かせていくという経験をしました。

さらに、今こうして本のエピソードとして書いているように、最悪な人に会い続けていても、自分の関わり方次第で、人生は必ずよりよく進んでいくという確信を持っています。すべては、自分の在り方次第なのです。

それもあり、ぼくは、有名人や著名人には、まったく興味がありません。そういう人に会うよりも、普通の人と関わっているほうが楽しいのです。なぜなら、目の前にいる人が魅力のかたまりだからです。

こうした発想が、片づけ心理の仕事では、重要な能力として活きているのです。

今は片づけ心理の汎用性の研究にエネルギーを注いでいるので、現場に行くことは、ほとんどなくなりましたが、以前は、いわゆる「汚部屋《おべや》」にばかり足を運んでいました。

いわゆる「視《み》える人」が、「この家はヤバイ！」と結界を張ったり、塩をまいたり、火打ち石を打ったりして、冷や汗をかいて入りたがらない運気が下がるような現場にも、丸腰で入ってきました。

でも、なんら悪い影響を受けることなく、むしろ場数を踏んだことで、どんどん開運して、今の仕事を楽しく続けています。

それができるのも、「**最悪のなかにある最高を見出す**」という発想があるからです。

汚部屋を汚部屋として捉えるのではなく、そのなかにある最高の輝きを見出します。

汚部屋の表面的な状況を気にせず、魅力の種を発掘し、拡大させる意識を持つことで、どんな部屋でも好転していくのです。

このことを、ぼくは恋愛や結婚に悩む女性のクライアントさんに、よくお伝えしています。素直に理解して実行された方のなかには、その当日に出会いが生まれて、結婚に至ったという人もいるくらいです。

彼女は、ぼくのセミナー後の交流会で、いつもなら眼中にないような人と、あえて話をしてみたそうです。すると、とても気の合う人だったことがわかり、その場で連絡先を交換。あれよあれよという間に付き合うことになり、スピード結婚しました。

さらに、その方は、「今までのわたしは、相手に気を遣って絶対に本音を言えなかったのですが、旦那にはズバズバ言って、気を遣うことなく一緒にいることができます。

むしろ、自分はドSだったのかもしれないと思うほど、バッサリ本音を伝えるようになりました。でも、これが本当の自分なんですよね。おかげさまでストレスなく結婚生活を送れています」と幸せそうに話してくださいました。


ここで、「一緒にいる理由」について、考えていきたいと思います。

あなたは、彼や結婚相手が、「わたしと一緒にいる必要がある理由」を具体的に言い表せるでしょうか？


人間には本来、群れで生活しようとする群居本能《ぐんきょほんのう》というものがあります。「群れに戻ってくる」習性ともいえるでしょう。

男性はとくに、群居本能が強い半面、本能で「戻りたくない」と判断した場所からは積極的に離れて、別の群れをつくる選択をします。その結果、浮気や不倫といった、離婚につながるような悪循環が生まれてしまうのです。

男性があなたと一生一緒にいたいと思うためには、「一生を通して、ここが俺の戻る場所である」と本能的に感じられる状態をつくっていくことが大切です。

男性がその場所へ戻りたいと思う、もっとも重要なポイントは、「成長」です。

そこにいると成長できる。

自分がもっと前向きになって、魅力的になれることを感じる場所には、誰に何を言われようと積極的に戻りたくなるのです。

ここで、相手の「魅力の種」を発見し、育てていくワークが、活きてくるのです。

パートナーがわたしのもとへ戻る必要がある理由を明確にする

世の中で「男の胃袋をつかむことが大切」といわれているのも、食欲という本能的欲求を満たせることが、戻ってくる理由の一つになるからでしょう。

とはいえ、料理が苦手な人が無理をする必要は、ぼくはないと思っています。

本質は、**「わたしのもとへ戻ってくる必要がある理由をつくる」**ことにあります。

第3章のまゆみさんの例を「戻ってくる理由」という観点で考察してみましょう。

彼女は、趣味だったお菓子作りを再開したことで、スイーツ好きな彼と、お互いの好きが合致して、ご縁がつながりました。

「彼女がお菓子を作る」ことではなく、「お互いの好きが合致している」のが、彼が戻ってくる理由です。

趣味や遊びや旅行など、「共通して喜び合える何か」が、その人やその場所に戻る理由になるのです。

あなたがパートナーと一緒につくりたい「喜び」について、考えていきましょう。

あなたが素直に喜びを感じることを明確にすることで、それは見えてきます。

ノートに、3つの質問に対する答えを書き出していきましょう。

その①　あなたが、やっていて楽しいことは？

「
［例］
・お菓子作り
・憧れのミュージシャンの研究
」

思いつくかぎり、たくさん挙げましょう。
書きながら、喜びが拡大していく様子をイメージすると、現実化しやすくなります。

その②　楽しみを、誰と分かち合いたい？

「
［例］
・お菓子作り ➜ 職場の同僚に、手作りのお菓子を差し入れしてみる
・憧れのミュージシャンの研究 ➜ ファンの集いで情報交換をしてみる
」

楽しみを分かち合う相手は、必ずしも異性でなくてもよいのです。「同じ楽しみを分かち合える人」という基準が大切です。

ステップ③ どんな要素を組み込むと喜びを感じる？

〔例〕

・職場の同僚に、手作りのお菓子を差し入れしてみる

←味の感想を聞いたり、同僚に新メニューをリクエストしてもらう

・ファンの集いで情報交換をしてみる

←次の集いで語り合えるように、個々がミュージシャンの魅力をさらに見出す

人は、自分が「成長している」と実感した時、大きな喜びを感じます。

そして、その成長の要素が相手にもあることが、一番の「戻る理由」になります。

お互いの好きの合致、そして、それが成長し続けていくビジョンを持てると、一緒に関係性を育み続けることができます。

これらが、人生を共にするための目的になっていくのです。

日常で、いい男育てゲームをしよう！

女性は、男性の比にならないくらい努力家が多いと思います。自分磨きにいそしみながら、男性から求められるよう、いい女でいようとして、なんでも自分でできるようにがんばります。しかし、その一生懸命な姿が裏目に出て、うまくいかない状況を招いている人を数多く見てきました。

男性のほうは、誰かのために何かをしようというよりも、「自分を認めてほしい、価値をわかってほしい、相手を支配することで自己顕示欲を満たしたい」といった、欲望や自我の赴くままに生きている人が多いと、現場を通して感じてきました。

その対極から見えてきたのは、女性のほうが圧倒的に精神性が高く、男性は圧倒的に幼稚であるということでした。

片づけ心理を通して、恋愛や結婚にまつわる相談も数多く受けてきたなかでは、うまくいかない女性ほど、精神性の低い男性の基準に合わせた自己表現をしていたのです。

つまり、**わざわざ自分の基準を落として、一生懸命、相手に尽くそうと努力している女性が、部屋が片づけられないと悩んでいるということです。**

自分磨きも、自分のためではなく、男性に受け入れられるためにしていました。

低い基準に合わせると当然、自分の基準も低くなります。お互いの成長もありません。

未来に思いを馳《は》せると、お互いの関係が、いい方向に進まないことは、なんとなくイメージできるのではないでしょうか。

一生一緒にいられるような関係性を築くために欠かせないポイントは、「一緒に心の成長ができること」が前提にあるかどうかです。

好き嫌いだけで判断するのではなく、人として尊敬し合える関係性であるかどうか、一緒に喜び合える共通の目的があるかどうか、ということが、よりよいパートナーシップを築くうえで、とても大切なポイントになるのです。

ぼくが、たくさんの人たちの片づけ問題と向き合い、心理的側面から考察し続けてわかったのは、片づけられない人は、幼少期の何らかの体験が起因しているケースが多いということです。

たとえば、小さい頃、やりたいことができなかったり、自分の望みを却下される環境にあったり、親の敷いたレールを歩かなければ存在を否定される状況にあったりしていました。

「わたしは、どうしたいのか？」

自分の気持ちに正直になることが許されず、「親、他人、社会がどう思うか？」という外側の世界の様子を窺って幼少期を過ごしてきた人たちです。

そのため、「心の成長が幼少期で止まっている大人」が、現代は増えているように感じます。知識を得ることが先行して頭でっかちになり、心がおざなりになることで、生きる意味を見失っているのです。

その結果、他者に人生の主導権を委ねるようになり、物理的に片づけられなくなってしまったのです。

ぼくが最後に、自分磨きではなく「男磨き」を、あなたにおすすめする理由は、恋愛や結婚を成就させるための方法論をお伝えしたいだけではなく、片づけ問題の奥に潜む、社会の課題を解決する糸口になると思っているからです。

安易な恋愛メソッドを実践しても、「男性に気に入られる」という浅い結果しか得られないでしょう。

「男性を磨く」という発想で、目の前にいる男性の魅力の種を発見して、伸ばす力を研ぎ澄ましていくと、その能力はやがて、あなたが結婚して子どもが生まれた時にも、彼らの魅力を育んであげられるような関わり方へと成長していきます。

もし、あなたが仕事をしているなら、職場で才能を持て余している人の魅力を最大限に引き出す力にもなるでしょう。

そうやって、あなたと関わった人がどんどん魅力的になり、その人の周りにも喜びの連鎖がとめどなく続いていくようになるのです。

実際に、ぼくのクライアントさんで男磨きの意識に切り替えて実行している方は、すぐに人生が好転して、幸せと喜びにあふれた生活を送っています。

日々のなかで、いつも関わっている男性に対して、世に出る前のスターを発掘して育むような遊び感覚で魅力を見つけ、「いい男育てゲーム」を楽しみましょう。

そして、自分の部屋に対しても、「あなたの魅力を輝かせてあげる」という意識で生活していくと、気づけば、「戻りたくなる場所」となって、部屋があなたの人生に大きな幸せと喜び、さらなる豊かさをもたらしてくれることでしょう。

「3日で飽きられる」女の部屋ポイント

- ☑ 白馬の王子様との出会いを夢見たり、理想の男を追い求めている
- ☑ 相手に好かれるための自分磨きで「自分の喜び」を見失っている
- ☑ 精神性が低い相手の基準に合わせて、妥協した自己表現をする

「一生一緒にいたい」女の部屋ポイント

- ☑ 関わる男性のなかに魅力の種を発見して、いい男に育む
- ☑ 自分の喜びをベースに、「パートナーと一緒に喜び合えるもの」が明確
- ☑ お互いの魅力と精神性を高め合い、正直な自己表現をする

おわりに

最後まで読み終えて、いかがだったでしょうか？

少々過激なタイトルだったかもしれませんが、ぼくがお伝えしたいことの本質は、「こんな女がよくて、こんな女が悪いですよ」ということではありません。あなたを何かしらのパターンに当てはめて、人生を意図的に導きたいわけでもありません。

「こうしないと幸せになれない」ということは何一つなく、「自分がどうしたいか」で人生はいかようにも変えることができます。ですから、あなたが、輝いて生きるためのきっかけとして、本書を活用していただければと願っております。

振り返れば早いもので、今の活動を始めてから２０１８年で10年が過ぎました。

それ以前のぼくは、引越屋で仕事をしながら、日本メンタルヘルス協会という心理学スクールでカウンセリングを学んでいました。その時期に引越の現場を通して、離婚家庭から倒産する会社まで、さまざまな人間模様を数多く目にしてきたことが、現在の仕事の礎になっています。

そこから空間心理カウンセラーとして、北は北海道から南は沖縄まで、さらには、海外在住の日本人の方々にも、部屋と心の片づけをサポートさせていただくようになりました。自分を大切にして、自分の個性と魅力を育むことを始められた方は、生き方が整うことで人生が好転し、環境も片づくようになっています。だからこそ、冒頭で「あの質問」をさせていただきました。

ぼくは、この本を執筆している時点では、6歳の娘と、生まれたばかりの0歳の息子がいる4人家族で、さらに祖父、祖母と一緒に、二世帯で住んでいます。

最初の娘が生まれた頃、妻が少しでも楽になれたらと、子どものサポートに専念しようとするほど、逆に子どもの機嫌が悪くなるという体験をしました。

「いったい、何が問題なんだろう……？」

それは、妻の心の不安定さが、娘の機嫌に大きな影響を及ぼしていたのでした。それから、ぼくは娘のことを気遣うよりも先に、妻のサポートを徹底してみることにしました。すると、妻の幸せな気持ちに比例して、娘も自然と安定するようになり、家族としても笑顔で過ごす時間がより増えていくことを実感しました。

結婚後の子育てを通した経験もあるからこそ、最後にあなたにお伝えしたいことがあります。

それは、あなたが幸せでいることが、あなたと関わるすべての人の幸せに通じていくということです。とくに、家族を持つようになると、如実に表れます。

ですから、あなたが自分の基準を下げて喜びを我慢して、誰かと一緒になろうとするよりも、あなたがあなたとして、いつも幸せでいられることを大切にしていただけたらと思っています。

あなたが日々、幸せでいるための一つのきっかけが、片づけであり、部屋づくりです。

そのことをどうか忘れずにいてください。これからのあなたの人生がさらなる喜びで満ちていくことを願って、最後の言葉とさせていただきます。

この本を執筆するにあたり、多大なるサポートをしてくれた妻や家族、仲間に心から感謝しています。

そして、世の中の悩める女性たちを救うお手伝いができればと、あふれる想いで編集してくださったWAVE出版の佐藤友香さんと、制作スタッフのみなさま、イラストを描いてくださった漫画家のすぎうらゆうさん。その他、本の制作に携わってくださったみなさまに、まさに「一生一緒にお仕事をさせていただけたら」と願うような、貴重な時間を過ごさせていただきました。

みなさまの心あたたかいサポートのおかげで、想いを持って執筆を完了することができました。心から感謝しております。ありがとうございました。

片づけ心理研究家・空間心理カウンセラー・**伊藤勇司**

伊藤勇司
片づけ心理の専門家。日本メンタルヘルス協会公認心理カウンセラー。魔法の質問認定講師。引っ越し業界で働きながら、心理学を学ぶなかで「部屋と心の相関性」に着目し、現場で見た10000軒以上の家とそこに住む家族や人との関わりを独自に研究。片づけの悩みを心理的な側面から解決する「空間心理カウンセラー」として2008年に独立。開業以来、セミナー、講演、セッションした人数はのべ8000名以上に上る。主な著書に『部屋は自分の心を映す鏡でした。』(日本文芸社)、『座敷わらしに好かれる部屋、貧乏神が取りつく部屋』(WAVE出版)などがある。

「一生一緒にいたい」女の部屋
「3日で飽きられる」女の部屋

2019年1月8日　第1版　第1刷発行

著　者　伊藤勇司
発行者　玉越直人
発行所　WAVE出版
〒102-0074　東京都千代田区九段南3-9-12
TEL 03-3261-3713 FAX 03-3261-3823
振替 00100-7-366376
E-mail: info@wave-publishers.co.jp
http://www.wave-publishers.co.jp
印刷・製本　シナノ・パブリッシングプレス

NDC159　192p　19cm　ISBN978-4-86621-182-4